误读的中国历史

佟伟 编著

长春出版社

图书在版编目(CIP)数据

误读的中国历史 / 佟伟编著.—长春:长春出版社,2010.1
ISBN 978 — 7 — 5445 — 1151 — 3

I. 误… Ⅱ.佟… Ⅲ. 中国—历史—研究 Ⅳ. K207

中国版本图书馆 CIP 数据核字(2009)第 199645 号

本书中文繁体字版本由灵活文化事业有限公司在台湾出版,今授权长春出版社在中国大陆地区出版其中文简体版本。该出版权受法律保护,未经书面同意,任何机构与个人不得以任何形式进行复制、转载。

项目合作:锐拓传媒 copyright@rightol.com

误读的中国历史

编 著:佟 伟
责任编辑:程秀梅
封面设计:王国擎

出版发行 **长春出版社**   总编室 电话:0431-88563443
    发行部电话:0431-88561180   读者服务部电话:0431-88561177
地 址:吉林省长春市建设街 1377 号
邮 编:130061
网 址:www.cccbs.net
制 版:恒源工作室
印 刷:长春市利源彩印有限公司
经 销:新华书店
开 本:787 毫米×1092 毫米 1/16
字 数:150 千字
印 张:11.25
版 次:2010 年 1 月第 1 版
印 次:2010 年 1 月第 1 次印刷
定 价:23.00 元

写在前面

　　文化是一个民族思维方式、认知方式、生活方式与风俗习惯的综合体，是千百年来人类智慧的结晶。它看似虚无缥缈，却在一言一行中透露着文化在我们灵魂的深处打下的烙印。但无论是已经失落的印加文明，还是延续至今的中华文明，在历史演进和传承中，都或多或少偏离了其原本的轨道。探索文化的本原是一次寻根、一次溯源、一次赓续、一次传承，更是一次精神的洗礼。

　　历史留给了我们卷帙浩繁的史料，留给了我们富丽堂皇的殿宇楼梁，留给了我们巧夺天工的金石玉器，但历史留给我们更多的是言人人殊的故事、众说纷纭的传说。那些气吞山河的英雄、金戈铁马的战役、钩心斗角的权谋都已湮没在历史的长河中，留给我们的历史之谜和那些年湮世远的故事却在我们的唇齿间流传。传说是否真实可信，就需要所有对历史感兴趣的人在审读历史时，本着尊重史实的态度，参阅多种史料、反复校勘、比较和分析，爬梳剔抉以辨其真伪。

本书作者从扑朔迷离、浩如烟海的历史长河中撷取的几段插曲，抽丝剥茧，披露了大量鲜为人知的细节，让读者在与历史事件的亲密接触和穷源竟委中获得思考与发现的乐趣。

海登·怀特说过，历史话语本身实际上是事实与意义的结合体。因此，事实与意义之间存在着难以跨越的鸿沟和裂隙。不同的研究者，即使面对的是同一历史事实，其对意义的阐释也有诸多不同甚至迥异之处，这也正是历史异彩纷呈之处，也是它让人痴迷沉醉的魅力之所在。本书属一家之言，并不奢求所有读者的颔首赞许，只求抛砖引玉，向各方求教。

目　录
CONTENTS

第一章
揭开经典的面纱

　　读书是人们获取知识、谋求学问最基本和最重要的途径。但在中国历史文化中，传承方式的多样化，使得历史中一些不实的文献被当做历史事实拿来误读。这种误读的后果，使得真正的历史失去其本来面目，对历史的思维产生偏差，这必然会导致文明的生命力逐渐下降——这是一个无法回避的事实！虽然历史已成为过去，但历史的细节还需我们去研究、去借鉴，我们对历史的评价可以各抒己见，但历史的本相不容歪曲。只有揭开蒙在历史上的面纱，在尊重历史事实的前提下，才能对历史真相进行客观、公正的判断。

被神化的诸葛亮

　　每当提起诸葛亮这个名字，人们马上会想起他凭借经天纬地之才创造的"舌战群儒""借东风""草船借箭""三气周瑜""空城计""死诸葛吓退活仲达"等一连串夺天地造化之功的故事，将诸葛亮视为古往今来的第一智慧人物。但稍有历史知识的人就会发现，历史上真实的诸葛亮虽然被神化得如神仙一般，但他为什么没有彻底打败司马懿，反倒被司马懿拖垮了身体，最终殒命五丈原？这也是许多人不愿意提及的事情。很显然大家都在小心翼翼地维护着这个智慧的神像，不忍心让他有一点点裂痕。遗憾的是，人们所信奉的这个神像原本就是一个虚假的智慧泡沫，而且它还侵蚀着人们的理智，使许多人沉迷于假象的智慧里而不能自拔。于是，关于诸葛亮"天才"的争论也就此展开。

　　从《三国志》的出炉，到《三国演义》成书，大约有一千二百年的历史，这个时期是诸葛亮从人变神的过程。"成者王侯败者寇"的历史规律竟然没有出现在诸葛亮的身上，这可以说是一个历史的意外，也反映了中国人集体潜意识中的天真性情。

　　从《三国演义》成书到现在，也大约有六百年的历史。这个时期，人们普遍接受了被神化后的诸葛亮，并向往自己能拥有诸葛亮的谋略和智慧。可以说，这是一个人们被假象智慧洗脑的过程，反映了中国人潜意识中随波逐流的特征。《三国演义》只是一部演义体小说，但人们却总喜欢把它当成历史来读，并试图从中找到属于自己的人生智慧。于是，大多数人都掉入了假象智慧的陷阱。这个陷阱的上方便是诸葛亮——这个看似伟大实则虚妄的目标。

诸葛亮自从追随刘备之后，在蜀的这几十年中，的确鞠躬尽瘁，死而后已。但在之后八百年的宋朝，由于当时的种种原因，诸葛亮的形象逐渐被神化，到《三国演义》的诞生，达到了顶峰。也就造就了今天大多数人心中的诸葛亮。当然，诸葛亮为蜀做出的丰功伟绩是不可抹杀的。但在赤壁这决定着三分天下的战役中，诸葛亮并没有舌战群儒，也没有借东风，更没有草船借箭，主要的功劳在周瑜身上。《三国志·吴主传第二》中这样写道："是时曹公新得表众，形势甚盛，诸议者皆望风畏惧，多劝权迎之。唯瑜、肃执拒之议，意与权同。瑜、普为左右督，各领万人，与备俱进，遇与赤壁，大破曹公军。"

当三分天下的形势已定时，先主死后，诸葛亮开始了他的北伐，先后进行了多次，却毫无建树，反而使国家经济受到很大的影响。国库日渐亏空这是其一，还有在第五次北伐之时，在街亭用马谡，使之失守，说明诸葛亮的识人不明。先主曾在临死时对他说："马谡言过其实，不可大用，君其察之！"而诸葛亮犹谓不然。《三国志》记载了，他第五次北伐时选将守街亭的情况："建兴六年，亮出军向祁山，时有宿将魏延、吴壹等，诸论皆言以为宜令为先锋，而亮违众拔谡，统大众在前，为颌所破。"在《三国志》中还记录了这么一件事："诸葛亮虑封刚猛，易世之后终难制驭，劝先主因此除之。"

但罗贯中为什么要在史实面前花这么大的精力，通过大量的虚构来塑造诸葛亮呢？现在的人又为什么为了维护诸葛不惜贬低曹操和刘备这些三国枭雄呢？

为了寄托演义，作者罗贯中为抒发"为王者师"的情结和理想，诸葛亮已演化成了超越个体存在和历史存在的神化符号。而作为偶像和符号本来就是要坐在神坛上才有他存在的价值。所以拥诸葛派才要拼命地维护他的神坛地位，这和人们喜欢其他三国人物是很不相同的。三国中这样被神化的还有忠义化身的关云长，只是随着时代的变迁，现在已经不兴盛了。但诸葛亮却不同，因为他的精神更符合以儒学为主的传统中国文化，他的人生更能满足一些人的情结和理想，从而更有生命力。

诸葛先生难说是旷世奇才，他的历史风光，其实来自于他的精忠"扶刘"。中国自宋代以来，大部分时间，都被外族欺压得抬不起头来。民族冲突激烈的时候，总是强调一致对外，这就要有个领导核心。在当时，这核心就是"正统"的皇帝。三国故事为什么滥觞于宋代，出现"尊刘抑曹"的主题，原因在此。

在儒学传统的经脉中，抛开宋明理学盛行后的中庸之道，其所追求的理想就是修身、齐家、治国、平天下。一言以蔽之就是儒家"内圣外王"的理想。而要实现这个理想就不能离开道德、才智、政治这三者的统一。而神坛上的诸葛亮无疑就是集道德、才智、政治三位一体的完人。这三者的关系从儒学立场来看，道德是人之所以为正人君子的内在根本，才智就是他的外在凭借，政治则是他由内而外用道德与知识来造福人间的途径。以古人的说法就是道德是"立德"，知识是"立言"，而政治是"立功"，同为人间的三不朽盛业。

而历史很巧合地选择了诸葛亮，他是高风亮节的道德典范，同时在政治上又从一介布衣而成为难得的完生完名的王师权臣。虽然诸葛亮是有些才智的，但在那个时代还没到魁首的境界，和其他时代的俊杰相比更是泛泛，但他遇到了刘备、刘禅，又是在偏小的蜀国，所以实现了他的政治理想，达到了"内圣外王"的标准。而这是后世多少人所梦寐以求的，所以把他奉为楷模，特别是以此人自比者，从古至今从来没有断过，这就是所谓的"诸葛亮情结"。拥诸葛派已在潜意识中把诸葛亮看成自己实现理想的文化符号，更甚者就是理想自我的化身。为了使自己更信服，同时也想使别人更信服他们，就必须不遗余力地为诸葛亮加上外在的才智光环了。

自《三国演义》成书到现在这漫长的历史长河中，诸葛亮一直作为智慧的化身而被后人奉若神灵，而真正具有大智慧的司马懿反倒被人们遗弃了。六百年来，人们飞蛾扑火般地追逐孔明式的智慧，却浑然不知这种智慧其实并不存在，这不能不说是我们这个民族的悲哀。

追逐假象智慧的结果便是，中国的"诸葛亮"泛滥了，却缺少了司马懿这样的精英人物。可以说，我们中《三国演义》之毒由来已久，受其毒害程度也已经很深了。

大凡中国人，有谁没中过《三国演义》的毒呢？我们身上所隐藏的愚蠢的自以为是、自作聪明、自欺欺人，往往就验证了这一点。我们自身与诸葛亮假象智慧有关的缺点，至少能够列举出以下几点：

（1）我们总盼望能遇到一个"三顾茅庐"的老板，结果等到老，也没有"刘备"光临。《三国演义》使我们成了幻想主义者，我们的主动性和创造力都在等待中逐渐丧失了。

（2）我们总想做只动口而不动手的点子大王，所以特别羡慕那个"运筹帷幄"的军师，实质上是因为我们自己的实战能力太差了。

（3）我们不讲信用，潜意识中也是受了孔明的毒，他不是曾答应东吴要归还荆州，却又三番五次耍赖、拖延，而且还"三气周瑜"，导致盟国的军事统帅一命呜呼。

（4）我们急功近利，做什么事都妄想一蹴而就，就像诸葛亮在条件不成熟时强攻魏国的情形一样。

（5）我们喜欢作秀，诸葛亮可以做我们的祖师。早在刘备"三顾茅庐"时，诸葛亮就发动自己的亲戚朋友为自己做足了形象包装。

（6）我们出了问题便喜欢互相推诿，诸葛亮在这一点上早就做出了示范。他把关羽败走麦城归结为是关羽自己个性的问题，却把自己作为一个最高统帅应负的责任推个一干二净。

（7）我们无法做到"举重若轻"，针尖儿大的小事，也让我们耗费心神。这不就是那个事必躬亲的诸葛丞相的形象写照吗？

（8）我们为事业往往忽视了自己的健康。诸葛亮为事业透支了自己的生命，"上知天文，下知地理"的他连起码的健康知识都不懂，怎能算得上是智慧的化身呢？

历史上的诸葛亮，注定是要失败的，他的失败是由当时的主客观条件决定的。诸葛亮之所以不能战胜司马懿，不仅是因为其时运不济，更重要的是他缺乏足够的智慧，他所拥有的只是一些假象的智慧而已。诸葛亮与司马懿之间的胜负原本没有悬念，就诸葛亮的自身条件来看，即使诸葛亮能多活二十年，他最后也未必会是的赢家。实际上，诸葛亮是被司马懿拖垮、累倒的。从这个角度来看，不是诸葛亮打败了司马懿，而是司马懿打败了诸葛亮。

然而，在历史的长河中，总有些天真的人试图要改写历史，硬是把不是悬念的东西当做悬念去挖掘。于是，他们无限地夸张了诸葛亮的智谋，将诸葛亮供奉为智慧的化身，并编织了一个美丽的假设：如果诸葛亮没有早死，他一定能够打败司马懿，并最终消灭曹魏，恢复汉室。

遗憾的是，我们所编织出来的智慧化身根本就是一个假象智慧的形象。即使诸葛亮真如《三国演义》所塑造的那样足智多谋，那也不过是些小伎俩而已。就连陈寿都评价诸葛亮为："诸葛亮之为相国也，抚百姓，示仪轨，约官职，从权制，开诚心，布公道；尽忠益时者虽仇必赏，犯法怠慢者虽亲必罚，服罪输情者虽重必释，游辞巧饰者虽轻必谬；善无微而不赏，恶无纤而不贬；庶事精练，物理其本，循名责实，虚伪不齿；终于邦域之内，咸畏而爱之，刑政虽峻而无怨者，以其用心平而劝戒明也。可谓识治之良才，管、萧之亚匹矣。然连年动众，未能成功，盖应变将略，非其所长欤！"由此可见，经过《三国演义》神化过的诸葛亮，其实更加可笑，更加愚蠢，更加不是司马懿的对手，但读者们却接受了被神化后的诸葛亮，于是诸葛亮的假象智慧便一代一代流传下来。

还周瑜清白

乱世是血腥和残酷的，也是最迷人的，因为它是英雄的摇篮。而在人的精神生活中，英雄是一面永不飘落的旗帜，指引着人们前进的方向。纵览中国历史，三国当属最迷人的时代。在三国诸多的英雄榜中，周瑜也应是其中最著名的一位。然而，《三国演义》里的许多描述并不是真正的历史，而人们却一味地相信，甚至有些历史记录或历史人物的书籍都记载了一些并不真实的事情。在《三国演义》中，罗贯中为了衬托诸葛亮才德卓越、智慧非凡，把周瑜写成了一个心胸狭隘、嫉妒心极强的人。可能罗贯中自己也没有想到，他在文学创作中为了提升诸葛亮的形象，一再对历史上的三国名士周瑜做大幅度的调整和贬低，结果竟使周瑜这样一位风度翩翩、心胸开阔的名士变成了一个龌龊的小人。其实，历史中真实的周瑜"雄烈、胆略过人"，"建独断之明，出众人之表，实奇才也"。在其他三国的史料中，也没有任何有关周瑜"量狭"的记载。

在晋朝陈寿所写的《三国志》之《周瑜传》中评价周瑜是"性度恢廓，大率得人，唯与程普不睦。"意思是说：周瑜性情豁达，度量宽宏，大体上是得人心的，只是与程普关系不和睦。难道是与程普不和就成了"心胸狭窄"吗？从《江表传》来看，周瑜与程普不和，毛病主要在程普。程是东吴开国元老，久随孙坚、孙策，转战立功，但位居周瑜之下，很不服气。程"数凌侮瑜"，但周瑜"折节容下，终不与校（计较）"。后来程被周的虚心待人精神感动，对周特别敬重、佩服。程普曾深有感慨地向人说：

"与周公瑾交，若饮醇醪，不觉自醉。"这是称道周瑜品德高，能对人发挥潜移默化的作用。

司马光在《资治通鉴》中对周瑜给予极高的评价。《资治通鉴》中的《赤壁之战》中称周瑜为"胸中带甲、胆识过人、智勇兼备"的优秀军事家。就是这么一位指点江山、指挥若定、鞠躬尽瘁又文武双全的英才，在《三国演义》中却被罗贯中描写成了处处算计刘备和诸葛亮的小人，实在令人心痛。

在宋朝，人们还都很喜欢周瑜，这从苏轼的《念奴娇·赤壁怀古》中就可看出："遥想公瑾当年，小乔初嫁了，雄姿英发。羽扇纶巾，谈笑间，樯橹灰飞烟灭。"

自元代以后，人们逐渐对周瑜进行丑化，时至《三国演义》成书，他便成了另一个人。人们一提起这位江东名将，首先想到的往往是"三气周瑜"的故事，是"既生瑜，何生亮"，以及"周郎妙计安天下，赔了夫人又折兵"等。可惜小说终归是小说，不是历史。历史上的诸葛亮并不曾气过周瑜。就算气过，怕也气不死。为什么呢？因为周瑜的气量是很大的。同时代人对他的评价都很高。刘备说他"器量颇大"，蒋干说他"雅量高致"。周瑜也是一个漂亮至极的英雄。

其实，历史演义小说和史实有所出入乃是常事，唯此演义流"芳"百世，迄今依然为孩童必修之书，完全取代了完整的历史和当时合理的世界观。举个最简单的例子，"草船借箭"和"舌战群儒"是纯粹虚构的，而赤壁之战根本是周瑜和鲁肃建功立业，和诸葛亮无关。在那个历史年代十一月起东风更是常事，对此周瑜知道，曹操也知道，根本不是诸葛亮通晓天文的缘故。周瑜较诸葛亮年长寿薄，两人实际在历史上根本也没什么关系，更谈不上什么三气周瑜了。

周瑜较诸葛亮年长，成名更早，羽扇更是当时名士必备之物。可以说若不是因罗贯中的一枝笔，白羽扇也该是周瑜、鲁肃等人的代表，而不是如今诸葛亮一个人的专属，甚至提升到了中华民族智慧的象征物。

　　陈迩冬在《闲话三分》一书中的一段话很有道理，他说周瑜"这个人对孙氏忠；对朋友谅；划策有绝招；风头足；名声好；加上人漂亮；夫人更是美人……那些碌碌之辈自惭形秽之流难免不生嫉妒之心。瑜威声远著，故曹公、刘备咸欲疑谮之。"袁枚《随园诗话》就说到某个文人因在诗文中说了一句"既生瑜何生亮"的话被人一生讥为笑柄。又有人在奏折中用了这句话被清帝免了职。因为分清历史和小说这个要求并不过分。鲁迅、胡适这样的文学巨匠在评论《三国演义》时都为周瑜说过叫屈的话；金庸也曾说过想写一部以周瑜、陆逊为主角的三国演义，虽然这是戏言，但如今他致力于写一部小说体的中国通史的根本原因，就是一些演义小说对中国历史进行了误导。其实最具说服力的就是东坡的《念奴娇》了，能使一代文豪为其吟咏千古绝唱的人，他如果不完美，东坡居士会如此神往吗？"东君顾怜，谁亲手扶起吴越的桅樯？"是运气？是诸葛亮的智慧？其实本是周瑜的指挥若定和军事才华。

　　作为一部文学作品，演义所取得的文学成就是极为高超的。三国时代，只是华夏五千年里一个动荡时代，是群雄纷争不断的时代之一，却获得历来最多关注，实与《三国演义》这部小说是密切相关的。时至今日，三国的风潮还不断影响着后世的人，三国的电玩游戏层出不穷，电视剧更是不断重播。进军好莱坞的香港导演吴宇森拍摄的《赤壁之战》，就重新修改了历史，还周瑜一个清白，请诸葛亮走下神坛。对于历史，人们始终是应该抱着正确甚至严谨的态度。金庸在写小说时就一直以相当崇史和学术的态度，在任何情节牵涉到史实的地方都会大加注解，给读者一个明晰的事实。

华雄到底是被谁斩的

　　《三国演义》载：东汉末年，群雄割据。奸贼董卓把持朝廷，各路军阀推袁绍为盟主，组成联军，讨伐董卓。但是一开始就连败两仗，先是先锋孙坚被华雄打败，然后是华雄挑战，各路诸侯的手下大将纷纷被华雄斩于马下。这时关羽挺身而出，提刀上马，杀了华雄，这便是"温酒斩华雄"的故事。

　　"温酒斩华雄"是关羽在演义中不同寻常的亮相，也是他武勇盖世的第一次表现，对于塑造关羽的英雄形象是不可缺少的重要一笔。故事见于《三国演义》第五回，说的是：关东十八路诸侯起兵讨董卓，各领兵将在洛阳周边驻扎，平原相刘备带领关、张等人也随北平太守公孙瓒来了。各诸侯共推袁绍为盟主，歃血为盟。会后，首先由长沙太守孙坚为先锋，直抵汜水关挑战。董卓以华雄为骁骑校尉，迎战孙坚。将孙坚打败，斩其部将祖茂。又下关挑战，连斩关东二将。袁绍叹息说："可惜我上将颜良、文丑未至，得一人在此，何惧华雄？"言未毕，关羽在阶下大呼而出曰："小将愿往斩华雄头，献于帐下！"袁绍和袁术因关羽是马弓手，职位太低，不同意他出战，恐被华雄所笑。关羽说："如不胜，请斩某头！"曹操支持他出战，令斟上热酒一杯，与关羽饮了上马。关羽说："酒且斟下，某去便来！"出帐提刀，飞身上马。不一会儿工夫，关羽便回来了，提华雄之头，掷于地上，其酒尚温。《三国演义》还有诗赞之曰：威震乾坤第一功，辕门画鼓响咚咚。云长停盏施英勇，酒尚温时斩华雄。

　　《三国演义》中描述，关羽在出阵之前，鲍忠、祖茂、俞涉、潘凤等将，连连被华雄斩死，造成华雄不可一世的气势，而关羽在温酒之间却斩了华雄，关羽的神威便在华雄之上。所谓"强中还有强中手，一山还比一山高"。罗贯中的这段表述不仅烘托出关羽的英雄气概，对曹操的知人及袁氏兄弟的愚顽也具有点染作用。故事用词相当准确、精练、言简意赅，难怪连鲁迅先生都认为温酒"斩华雄"一节，写得"真是有声有色"。这里作者使用的"温"字，令关羽大出光彩。让我们再看看华雄与关羽两人形象的比较：前者"卓视之，其人身长九尺，虎体狼腰，豹头猿臂；关西人也，姓华，名雄。"后者"众视之，见其人身长九尺，髯长二尺，丹凤眼，卧蚕眉，面如重枣，声如巨钟，立于帐前。"从身材来看，华雄并不输关羽。

　　此外，这件事也毫无史实根据。据《三国志·孙破虏讨逆传》记载："卓遣步骑数万人逆坚，轻骑数十先到。坚方行酒谈笑，饬部曲整顿行陈，无得妄动。后骑渐益，坚徐罢坐，导引入城。乃谓左右曰：'向坚所以不即起者，恐兵相蹈藉，诸君不得入耳。'卓兵见坚士众甚整，不敢攻城，乃引还。坚移屯梁东，大为卓军所攻，坚与数十骑溃围而出。坚常著赤罽帻，乃脱帻令亲近将祖茂著之。卓骑争逐茂，故坚从间道得免。茂困迫，下马，以帻冠冢闲烧柱，因伏草中。卓骑望见，围绕数重，定近觉是柱，乃去。坚复相收兵，合战于阳人，大破卓军，枭其都督华雄等。是时，或间坚于术，术怀疑，不运军粮。"由此可见，杀华雄的不是关羽，而是小说中被华雄杀得大败的孙坚。

　　孙坚原为长沙太守，封乌程侯。关东州郡起兵讨董卓，孙坚也起了兵，从湖南北上，到鲁阳与袁术会师。当时屯兵于洛阳周边的诸军惧怕董卓，又想保存实力，都不敢进军，只是置酒高会，持观望态度。只有曹操、孙坚和河内太守王匡与董卓的军队交过战。孙坚在梁县之东受到董卓的将领徐荣的攻击，与数十骑突围而出，后面追兵甚急。孙坚的头上系着毛织的红色发巾，怕被敌人认出，便把发巾摘下来交给亲信的裨将祖茂。祖茂系上发巾，敌骑以为是孙坚，便争着去追祖茂，孙坚得以从另外的方向逃脱。祖茂跑到一块坟地，急忙下马，把红发巾系在一根柱子上，潜伏在草中。敌兵来到，包围了这个地方，走到近前方知是柱子，只好扫兴而去。

《三国演义》也写了这件事，但说追赶孙坚和祖茂的董卓将领是华雄，而且华雄还斩了祖茂，显然与史实不符。按照史书所载，华雄的出场是在阳人战役，而且就在这个战役中被斩了。当时孙坚收集散卒，进屯梁县之西的阳人。董卓派遣大将胡轸、吕布、华雄等攻打孙坚。吕布与胡轸不和，而胡轸是主帅，吕布竟故意捣乱，使军中自相惊恐，士卒散乱，孙坚率军追击，胡轸和吕布、华雄等败走，孙坚挥兵斩了华雄。

而此时的关羽何在呢？初平元年（190年）正月，关东州郡起兵讨董卓，推渤海太守袁绍为盟主。当时公孙瓒还在幽州，并没有前来会合。刘备这时还没有依附公孙瓒，怎么会随公孙瓒前来呢？原来刘备鞭打督邮，弃官亡命之后，不久就赶上大将军何进派遣都尉丘毅到丹阳募兵，刘备一小伙人和他同行，在下邳遇到黄巾军，力战有功，刘备被任命为下密丞，后来又做了高唐尉，又升任高唐县令。为黄巾军所破后，去投靠中郎将公孙瓒，被任命为别部司马。刘备任别部司马的时间，《三国志》没有记载，《资治通鉴》和元人郝经的《续后汉书》都编排在初平二年（191年）十月，是在关东州郡结盟将近两年以后。从当时的情势来看，这还是较为符合实际的。所以在初平元年（190年）的年初，在各州郡起兵讨董卓的时候，刘备大约还在下密为县丞，或在高唐为县尉、县令，并没有在洛阳周边的前线上，关羽是不会在那里斩华雄的。

在史书中，华雄没有其他武功可以表述，《三国演义》中说华雄追逐孙坚，得了红发巾，斩了祖茂，又用长竿挑着孙坚的红发巾，来寨前大骂叫阵，俞涉、潘凤二将出战，都被他斩了，这些都是虚构的，都不是事实，传说与史实不同。

孙坚是斩华雄的英雄，却被说成大草包，关羽与斩华雄无关，则成了千古英雄，被赞誉为"温酒斩华雄"。为何如此颠倒黑白，混淆是非，让孙坚蒙冤，给关羽贴金呢？这是因为：我国历史长期以来，对于三国的评价，唐朝以前，是帝魏寇蜀吴，宋元以后，是帝蜀寇魏吴。对曹操、刘备、关羽表彰，对吴有偏见，对吴的创建者有偏见，有意或无意贬低，传说受"正统"的影响，代代相传，而形成历史的误会。类似的问题在《三国演义》中比比皆是。关羽其人，在中国历史上地位特殊，他死后，爵位不断升迁，东汉末年为侯，宋元时就成了王，到了清朝，变成了帝——"协天大帝"。将孙坚斩华雄移植到关羽身上，可突出关羽，神化关羽。加之文人骚客的笔墨渲染，而使孙坚从功臣变为小丑、罪臣，关羽从无功变成有功、神功。

人们混淆《三国志》《三国演义》《资治通鉴》，认为三者都是历史。《三国志》《资治通鉴》内容多繁杂，平常人极少认真研读，《三国演义》则是家喻户晓，人人明白。传说大多内容来自《三国演义》，认为这就是历史和史实。

罗贯中把华雄描写得如此厉害，是一种衬托的手法，不过是为了说明关羽更加厉害而已。但这件事其实是与关羽毫不相干的。本来是孙坚斩了华雄，《三国演义》却将战功移植到关羽头上，孙坚反而被写成了华雄手下的败将，这对孙坚太不公平了。

在 "替天行道" 的幌子下

  《水浒传》塑造了一群揭竿起义的好汉，他们一直被论者认为是侠义英雄。作为一部描写梁山好汉打抱不平、与贪官污吏作斗争、反抗封建黑暗势力的 "奇书"，《水浒传》在中国小说史上有着重要地位。因此，宋江与他的梁山好汉们就成了匡扶正义、打抱不平的象征。他们高举着 "替天行道" 的旗帜，自命为 "侠义英雄" "绿林英雄"。著名文艺理论家李希凡先生认为：《水浒传》在人物的创造上，最突出的成就是创造了一批农民义军中的下层人民的英雄形象。" 细读《水浒传》，却发现水泊梁山的好汉们并非真的是 "替天行道" 的 "侠义英雄"，尤其是他们随处可见的杀戮行为，更是无法用 "侠义" 来解释。

  许多人读过《水浒传》后，都认为梁山好汉是 "侠义英雄"，因为他们的政治行动纲领是 "替天行道，保境安民"。在梁山聚义厅前，有一面杏黄大旗悬在空中，上书 "替天行道"；忠义堂前柱上写着 "常怀贞烈常忠义，不爱资财不扰民"。同时，他们杀贪官分粮食，无不体现他们疾恶如仇、行侠仗义的好汉色彩。"梁山及江湖人士无不以 '好汉' 作为人格衡量的标准，所以个个争做好汉，人人要结识好汉。好汉的道德伦理核心便是 '义气'，表现为 '路见不平，拔刀相助' '仗义疏财' '勇武阳刚之气'。" 事实真的如此吗？

  梁山好汉打家劫舍，是为了赈济天下的穷苦百姓吗？当然不是。历来为人所称道的 "智取生辰纲"，是 "取此一套富贵、不义之财，大家图个一世快活"。他们上梁山，是为了"论秤分金银，异样穿绸绵。成瓮吃酒，大块吃肉"，换言之，就是从个人私利出发。因此，他们没有什么高尚的打劫目的，是为了自己享受，或充实山寨的库房。他们甚至打劫百姓。王伦坐镇梁山时，阮氏兄弟说他们是"打家劫舍，抢掳来往客人"；晁盖时，他们打劫路过客商，晁天王假惺惺地要求"只可善取金帛财物，切不可伤害客商性命"，然而商人们往往因为财物被抢，倾家荡产，欠债累累，或自杀或卖女，造成家庭悲剧。梁山的"英雄们"非但没有救助百姓，反而凭武力欺压百姓，间接杀害百姓。

《水浒传》中梁山武装与祝家庄和曾头市的抗争，毫无正义可言。抗争是梁山主动挑起的，不是因为梁山好汉听闻祝家三杰欺压当地百姓搞得民不聊生，也不是因为梁山好汉知道曾家五虎残忍无道胡作非为陷百姓于水深火热之中，而是因为祝、曾武装公然与梁山作对。曾头市儿歌唱道："扫荡梁山清水泊，剿除晁盖上东京。"其中固然有对梁山泊的挑衅性和对官府的献媚性，但是在封建统治下，梁山泊是乱臣贼子，人人得而诛之，出现对他们行为的不理解甚至敌视是极为正常的。故梁山泊对他们的攻打就有种对异己势力的不容忍、铲除倾向。同时，宋江他们还可以借此获得钱粮。于是，实力相当的梁山泊与祝、曾便展开恶战。当然，受害的是祝家庄和曾头市的百姓。他们家园被毁，生命没有保障。三打祝家庄时，"满村寨杀死的人，不计其数"，但是对于梁山好汉来说，却是冠冕堂皇的"今日打破祝家庄，与你村中除害"。他们并没有顾及当地百姓是否需要他们的"解救"，就想当然地以为自己是救世主，便开始了"替天行道"的"侠义"行为。事实上，这对于当地的百姓来说，梁山泊打破了他们平静的生活，用战火点燃了他们的家园，才是真正的"害"。

而他们与官府的抗争，基本上不是因为官府压迫人民，从而挺身而出。可以说，他们的理由，不是经济目的就是私人恩怨。攻打东平府和东昌府，是因为两府的富足可以让宋江、卢俊义两人谁先攻下城府，谁即可坐梁山第一把交椅；攻打无为军是因为黄文炳对宋江的陷害；攻打高唐州，是为柴大官人报高廉的夺屋害叔之仇；攻打大名府，是救卢俊义。诸如此类，绝没有"替天行道"的正义性。理由是简单的，梁山好汉从没有想过他们的行为会给生活在安宁平静中的当地人民带来多少灾难。在攻打大名府时，居然是刽子手蔡福劝"梁山好汉"休教残害良民时，而此时"城中将及伤损一半"了，百姓的苦难可想而知。攻入高唐州后，梁山好汉是"把应有家私并府库财帛、仓廪粮米，尽数装载上山"，他们没有想过救济当地百姓。学者高小康在他的《游戏与崇高》中说："好汉们打家劫舍的行为被说成是杀富济贫扶正义的道德行为，但实际上并没有这种意义，所有抢劫行为的真正目的都是为了充实山寨。至于小说中好汉们的主要活动——与官府的抗争，除了经济目的之外，大都是为了报私仇，因而同样谈不上什么重大的社会道德意义。"梁山好汉们的这些行为，只是关系到个人利害，在他们"替天行道"的旗帜下，没有什么"侠义"可言，他们绝非传统意义上的"英雄"。

但是，在梁山好汉们和一些论者看来，他们的一切行为，都是师出有名，是在"替天行道"。这里其实有个概念的偏差。不管是侠义还是替天行道，都没有以公理和正义为依据，仅是梁山集团内部的，并非对天下人而言。梁山好汉的"替天行道"，实际上是为了维护他们或自身集团内部的利益，即"报私仇"，因为他们来自下层人民，故而客观上带有惩罚贪官恶吏的作用。但是，真正意义上的"替天行道"是维护人世间的公平与正义，主动自觉地铲除一切邪恶势力，替弱小者做主。而梁山与恶势力代表官府的抗争是被动的，目的上也没有什么正义性，行为的后果是给百姓带来更多的横祸。"替天行道"只是一个旗号，并没有实际意义。甚至他们在"替天行道"的口号下，行的却只是"恶"——对无辜的杀戮。书中随处可见血淋淋的杀戮，更是彻底颠覆了梁山好汉的"侠义英雄"形象。

综观全书，在好汉们的杀戮行为中，杀的多为无辜之人，罪有应得者极少。不妨就让我们来看看书中的描述：

（1）为了报私仇，杀对方一家老小：有武松杀张都监一家老小，丫环也不放过。"一不做，二不休，杀了一百个，也只是这一死"，抱着此念头，武松杀了男女十五名。实际上，只有张都监三个害人者该杀，其他都是无辜的人；晁盖、宋江在黄文炳家，把他一门大小四五十口尽皆杀了，不留一人；梁山好汉把高廉一家老小良贱三四十口，处斩于市；清风镇刘高一家、毛太公一家、慕容知府一家、程太守一家，李瑞兰一家……好汉们做事讲求彻底，一杀就是一家，不留一个活口，干脆利落。

（2）为了逼他人入伙，杀害无辜：宋江赏识秦明的英勇，于是让人假扮秦明杀城外人家，逼他上梁山。"原来城外旧有数百人家，却都被火烧做白地一片，瓦砾场上，横七竖八，杀死的男子妇人，不计其数。"数百人家的性命，成全了宋江的心愿。这种情况，秦明跳进黄河也洗不清，能不上梁山吗？要逼神医安道全入梁山，张顺杀了李巧奴与她母亲，嫁祸于安道全。李巧奴至死也不明白自己得罪了谁。更为残忍的是，为了让朱仝入伙，李逵杀了朱仝带着的小衙内，小衙内只有4岁。

（3）为了营救被抓的梁山好汉，砍杀无辜：法场救宋江是《水浒传》写得极为精彩的部分，充分体现了梁山好汉们的兄弟义气，同时也是极端的残忍。"当下去十字街口，不问军官百姓，杀得尸横遍野，血流成渠"。这似乎也只能怪百姓了，谁叫你们那么喜欢看热闹呢？还有李逵被抓，朱贵兄弟来救，"续后里正也杀了。性起来，把猎户排头儿一味搠将去。那三十来个士兵都被搠死了。"

（4）至于杀死个别人的，在这些大型的屠杀面前，实在是算不了什么。但是，就是这些个别的杀戮，除了鲁达是打抱不平而出手杀那些该杀之人外，其他不外乎是杀死并不该死的人。像杨雄杀侍女迎儿、石秀杀头陀、李逵杀田柳村某庄主的女儿及其情夫等。就算偷情在封建社会是死罪，那么作为帮凶的迎儿和头陀也罪不至死。如果说田柳村某庄主的女儿触犯了当时的宗法道德观念，那么略施惩戒就足够了，同样是罪不至死。在这里梁山好汉充当了封建思想的捍卫者，看不出何为"侠义"。

而面对梁山好汉们血腥的杀戮，许多论者居然还可以说他们是英雄。从事中国古代小说研究的佘太平教授在《草莽英雄的悲壮人生——水浒传》中曾这样评价武松："武松的一生是英雄的一生。除了他杀死潘金莲的手段过于残忍，为了几顿好酒饭便盲目替施恩卖命，屈服于江湖义气随宋江去打方腊，武松的行为几乎没有什么过失。说他是'完美'的造反英雄，是没有什么夸张成分的。"或者在这些论者看来，武松杀张都监一家十几口人和他的英雄事业比起来算不了什么的，甚至还算是英雄行为。从事中国古代小说、古代文学与文化关系研究的南开大学中文系教授、博士生导师宁稼雨在其《漫话水浒传》中说武松："他不仅醉打蒋门神、血溅鸳鸯楼，尤其是在杀了十五口人之后仍然豪气未消，血书'杀人者，打虎武松也'而去，真是把一个勇武豪爽的好汉形象推向了极致。它使人们强烈地感觉到在绿林社会中所崇尚的男性崇拜之风。"

如果武松的做法是人们所赞许所向往的，那么我们只能很悲观地说：人已经没有了人性，这世界是个屠宰场。

梁山好汉的抗争史也是杀戮史。他们反抗压迫的勇气固然可歌可泣，但是他们的杀戮却并非是在维护社会公理，伸张社会正义（从中无从寻找侠

义），更多的是为报私仇而滥杀、狂杀、屠杀。他们的杀戮，只能让那些人性尚存者寒心。

人，最宝贵的是生命。无论是"民为贵"还是"仁"，都强调了对生命的珍视。生存是每个人的最强烈的意愿，谁不想好好享受生命呢？而自认为是"好汉"是"英雄"的宋江、李逵们，非但没有"替天行道"，反而大肆屠杀，犹如开动的杀人机器。

可以说，他们的"侠义"，仅是梁山集团内部的兄弟情义。华中师范大学文学院王齐洲教授在《四大奇书和中国大众文化》中将这种"侠义"行为称为"建立在个人恩怨的基础上并且不受社会监督，而人们的价值标准又并不一致，个人道德完善的程度也存在差异，这就很难保证个体行为的正确性。"王先生认为这样容易造成社会暴力事件的增加和社会冲突的加剧。梁山泊众人在个人、其集团内部的道德标准下的行为所造成的社会危害是显而易见的。对于那些不明不白被杀的老百姓来说，梁山泊人的"侠义"何在？正是"水泊梁山"使得他们无辜丧命。

人是一种奇怪的动物，在历史的长河中他进化了，摆脱了许多凶残的、丑恶的东西，可是同时又保留着许多野兽的东西。"人类历史的进化法则告诉我们，人是由动物进化过来的，人在改造恶劣的生存环境的同时，还始终伴随着与自身血缘里与生俱来的邪恶兽性作斗争。"人自身无法摆脱的血缘里的东西，弗洛伊德称之为"本能"。他认为人类的本能只有两种，即"寻求保存和联合的本能"和"寻求毁坏和杀戮的本能"。对于李逵那样，常常一时性起，挥动一对板斧，不分青红皂白地一路砍下去，为杀人而杀人的，在杀人中获得乐趣的，除了"本能"外，实在没有其他的原因可以诠释。本能是潜藏在人的意识深处的，而人既是动物的也是社会的。因此在常态的社会里，或者说当人处在他的常态的环境里，他被社会的道德、法律制约，同时人的理性良知也时刻约束着他——避免释放本能导致法律制裁、道德谴责和良心不安。当武松还处在常态的环境中时，他只是杀死西门庆和潘金莲，不杀王婆，所以获得舆论和法律的宽容以免于死罪。而在杀张都监一家时，他是处在非常态的环境中，自知不容于法律，便"一不做，二不休，杀了一百个，也只是这一死"，于是任本能发泄，杀得痛快淋漓。

可以说，梁山好汉是在除暴安良的"替天行道"名义下满足自己的杀戮兽欲。劫法场时，李逵砍杀无辜是在维护"兄弟情义"的名义下；而攻打祝、曾时是在"替天行道"的口号下杀害百姓。诸如此类的屠杀，可以很好地释放并满足"好汉们"潜在压抑的本能，而不致有良知的谴责和社会的责难，他们有着集体冠冕堂皇的理由，同时还给予屠杀本能以高尚艳丽的外衣。

这些理由，足以让《水浒传》中出现触目惊心、层出不穷的杀戮行为了。当人放纵自己的"本能"时，实在可怕。《水浒传》中的人只是一个外表，本质里却是一部疯狂开动着的杀人机器。梁山好汉们对不公秩序、强权势力的挑战，对一切黑暗压迫的反抗，不惜生命的勇猛和朋友间两肋插刀的情义是我们所赞赏的，历史自会给予他们公正的地位。而且在今天，这些依然有其积极的现实意义。可是，他们行为上对侠义的背离和无所不在的残酷杀戮，也是我们无法回避的。称他们为"侠义英雄"，只能是对读者的误导。面对他们血腥的屠杀，我们应该做的，是重新认识他们的价值意义。

被炒成文学图腾的《红楼梦》

　　《红楼梦》成为中国古典文学巨著，似乎已成不争的事实。关于它的评价之高，可能是世界上罕见的。全世界有多少人在研究《红楼梦》，不得而知，但数量是庞大的，比许多国家的人口总数还多。据中国艺术研究院《红楼梦》研究所副所长、红学家孙玉明先生介绍，中国红楼梦学会自 1980 年成立后，中国各省、市、县相继成立分会，而一些高等院校也纷纷成立分会，并且还定期出版许多关于《红楼梦》的刊物，在中国形成了一个庞大的红学网路。

　　据相关资料显示，《红楼梦》至今全球发行量应该有上亿册之多。与《红楼梦》相关的图书及论文，更是无以计数。由此，不得不让人生出许多感慨：中国人似乎离不开《红楼梦》，《红楼梦》也似乎成了中国文学的旗帜，成为中国文学的图腾，不读《红楼梦》就算不上是有文化的人。但《红楼梦》真有这么神吗？

　　有人将《红楼梦》称为旷世奇书，认为《红楼梦》不只是一部小说，它还能超越自身、超越时空与古今之哲学、政治、艺术，甚至百门学科互为贯通，互为成全，它更像是一面反射真理之光的凸透镜。它是一部百科全书，涉及了人生、人性、人际交往、民俗、医药、情感、文化、文学、建筑等诸多方面。

　　有些人认为研究《红楼梦》就相当于研究明史。理由是有很多史料中不曾记载的东西《红楼梦》中都有，比如家常的饮食、服装、风俗、百姓的观念等。《红楼梦》写了生老病死、聚散离合、兴衰荣辱、吉凶祸福、是非功过、善恶曲直。

国人大有将《红楼梦》神圣化的严重倾向。这么一本普通的章回体小说，何以让国人如此疯狂？全球许多研究红学的人形成了多种流派，且各成一体，各执己见，这些流派像捍卫自己的生命与尊严一样捍卫自己的流派立场。

在有些人看来，《红楼梦》成了一尊神，是中国文学的图腾，谁要是冒犯《红楼梦》，对《红楼梦》稍有微词，立即就会引来一片挞伐之声。

谁也不否认《红楼梦》的文学价值，但将其称为"百科全书""宇宙的本体""哲学""明史"等，就如同时下的追星族们盲目崇拜仅凭机缘偶然成功的"偶像歌星"一样，他们可曾考虑到如此做法是否缺乏一些学术修养呢？

无可非议，《红楼梦》是一部有价值的古典小说，但不是中国文学的图腾，其所做的也就只是以贾、史、王、薛四大家族的兴衰为背景，以贾宝玉和林黛玉的爱情悲剧为主线，真实地反映了我国封建社会走向衰亡的历史趋势。

如果只以此内容就确定它为"明史"，未免小题大做。类似通过几个不同类型大家族的兴衰或者个人命运多舛转承来反映一个时代的缩影、变迁，在中国文学史上，比比皆是。每一篇文学作品，几乎都是一个时代的产物，或多或少、或深或浅地反射出时代的光影。有人可能会说，《红楼梦》是站在时代与历史背景的高度来写的。也许持这种观点的人是对的，但也不尽然。

在20世纪八九十年代，一位著名作家写了一部当时在中国内地很少涉及的"性"这敏感话题的作品，引发了一场轰轰烈烈的文学评论。当时有许多文学评论家大都持一个相同的观点：认为作家在写作时，是站在一个时代的高度来审视这个时代、反映这个时代的。后来有记者专访了这位因此而颇有影响力的作家。

记者在采访时，问这位作家：你当时构思这部作品时，是站在一个什么样的角度来把握的？作家的回答使记者、也让所有的评论家跌破眼镜：我在构思和写作时，没有想那么多，当时就是想到了这么一个素材，觉得很有意思，就信手写来。记者又问：那许多评论家在评论你的作品时，都说你写这部作品的目的是反映这个时代和社会的变迁，具有深刻的时代意义和社会意义，是这样吗？该作家回答：那是评论家们自己想象的，而我写作时是没有想那么多的。

实际上，这位作家讲出的是心里话，大多数作家，当然也包括曹雪芹在内，在写作前不可能去构思如何忧国忧民，而只是选取生活中一些有意义的人物和事件，加以描写和渲染。至于站在什么时代背景、如何对社会提出反思之类的，纯属评论家们想当然的自娱自乐。之所以会出现评论与作家创作动机完全不相吻合的现象，是评论家们总爱用一种僵化的眼光与思维模式去看待和思考一些事物所导致。

作家描写男欢女爱，许多时候完全只是为了描写爱情而已，并没有刻意去反映一个时代的爱情悲喜剧或者说爱情的时代意义，但是任何一篇作品，都不可避免地会染上时代的特色，好事者便据此大做文章，实在有点贻笑大方。

有的"红迷"更是令人匪夷所思，他们顺流而动，在没有仔细读过《红楼梦》的情况下，便敢信马由缰，居然也要拿几篇关于《红楼梦》的解读文章凑热闹。后来有人问他：你没有全文阅读《红楼梦》，怎么写得出解读《红楼梦》的文章？真是天才。他笑笑说：这很容易，我查看了一些关于《红楼梦》的评析文章，对《红楼梦》也就大致了解了，解读嘛，是件很简单的事情。写《红楼梦》方面的文章容易发表，也显得高深有学问啊！听过此言，恍然大

悟，真可谓是一语道破天机，点醒梦中人。

试想，全世界并非独此一类，相信这样的人一定还大有人在。早些年，作家王蒙在一次文学会议上作报告，就说过这么一句话："任何一个作家都不可能写出人人都喜欢的作品，据我了解，现在北京就有一大批青年作家不读《红楼梦》。"

其实，在现实中不少人从来不读《红楼梦》，就是读也是断章取义，草草而过。就是那些阅读过《红楼梦》的人中，其中不少也是因为《红楼梦》炒得太热而好奇才去阅读的。曾经有一篇文章，该文作者闲来无事，认为《红楼梦》里对笑容的描写既广泛又入木三分，便将《红楼梦》里的各种笑容做了一次统计，结果有几百种，并罗列了许多类型的笑，最后文章得出结论，说《红楼梦》里描写的笑容是最多的。请问，哪一部鸿篇巨制里没有几百种笑容？这不是跟风炒作、附庸风雅是什么？甚至可以说是无聊至极。

至于认为《红楼梦》不只是一部小说，而且与古今之哲学、政治、艺术甚至百门学科互为贯通，涉及了人生、人性、人际交往、民俗、医药、情感、文化、文学、建筑等诸多方面之类，更是浅薄之谈。研读过中国古典名著的人就会知道，几乎每一部稍具影响力的长篇经典著作，其内容都会牵涉所谓的哲学、政治、艺术、人生、人性、民俗、情感、文化等，文学本就是以描写人生、社会和反映人生、社会为己任的。这本就是一件非常正常的事，偏偏有人据此将《红楼梦》归结为"百科全书"，实在牵强附会。如果这也算百科全书，那么中国的许多文学著作都是百科全书了。

把研究《红楼梦》看成相当于研究历史的人，更是可笑。我国有许多的演义、传记，每一部演义、传记都是一个朝代或者一个历史阶段的缩影；同样，在演义著作中，也可以"找到有很多史料中不曾记载的东西，比如家常的饮食、服装、风俗、百姓的观念等"。从政治、历史的角度上来说，《红楼梦》在这方面怎么也无法与《三国演义》《隋唐演义》等著作相提并论吧？《红楼梦》无非是写了几大家族及两个典型人物的爱情故事，是一些风花雪月的东西，其历史、政治厚重感远不及《三国演义》《隋唐演义》等作品，更无法与《史记》《资治通鉴》《二十四史》《四库全书》等相媲美。

更有人说《红楼梦》写到了生老病死、聚散离合、兴衰荣辱、吉凶祸福、是非功过、善恶曲直，但试问中国的经典文学名著中，哪一部没有写到？

诸如此类，完全是好事者在小题大做，套用一句俗话："欲加之罪，何患无辞。"

如果像炒作《红楼梦》一样去炒作另外一部作品，也成立研究会、出学术刊物，那么任意从古典名著中提取一部，比如《隋唐演义》《水浒传》《窦娥冤》《菜根谭》等，这些作品完全可以超过《红楼梦》，至少也可以与《红楼梦》齐名，甚至随便选择一部当代长篇小说作品，也可以被炒成中国文学的图腾。在这里，并不是否认《红楼梦》原有的价值，但是炒作的价值远高于其实际价值几十、几百甚至几千、几万倍，盲目崇拜《红楼梦》，是中国文学家们的一种集体迷失，是文学的倒退，是错误的精神文化倾向！有责任的文人们，应该超越历史、超越先人，写出比古代更优秀的经典著作，而不应该将精力放在一篇历史文学作品的研究和炒作上去；有责任的文学理论家们，应有自己独特的艺术鉴赏与审美能力，不应该人云亦云，跟在别人的屁股后面趟浑水。

关于《红楼梦》的炒作，或者说是研究、解析、评论，都应该恰到好处，别再去做那种盲目的、没有现实意义的事情了。《红楼梦》也只是一部很普通的爱情小说，犯不上去迷信它。关注中国文学发展的大家们，你们该醒醒了。

大观园中的实权人物

　　《红楼梦》是我国古典文学中的瑰宝，其人物塑造艺术登峰造极，创造了一系列丰富多彩、别致生动的人物形象。提起大观园中的实权人物，人们往往会想到王夫人，作为贾府的第一主子，她是"金陵王"的女儿，深得贾母的宠爱。她年事已高，把大权交给自己的侄女王熙凤。不过，一些大事凤姐仍须向她请示汇报。可见，王夫人与王熙凤是贾府了不得的人物，称得上是大权在握的实权人物。

　　但事实却并非如此，贾母从表面上看非常善良，而且非常放手，她特别明白，特别懂事。她曾经对刘姥姥说："我不过是能吃口子就吃，能乐会子就乐的一个老废物罢了。"这话充满了尊严和自信，只有一个大权在握的人才敢这么说，否则她绝不会承认自个儿是老废物。她如果刚掌权，她一定会强调：别看我老了，谁能逃出我的眼睛？我想让谁死他就活不了。但到了贾母这个分儿上，说自己不过是个老废物罢了，其实是自信心的表现。如果谁要是真相信这个话，把她当做老废物来对待，那谁就是在找死呢！

　　书中描述贾母平常那么喜欢贾政和王夫人，那么喜欢王熙凤，但是在贾赦要讨鸳鸯的时候，鸳鸯一哭诉，贾母忽然勃然大怒道：我就知道你们都是算计我的。她一指在场的所有人，连王夫人、王熙凤、薛姨妈在内全都站了起来，她显出很凶恶的一面，而且不分青红皂白，打击一大片，"横扫一切牛鬼蛇神"，全是牛鬼蛇神。这里当然还有很多分析，遇到这种情况谁都不能说话，因为她在生气，在骂王夫人。贾宝玉不能说话，贾宝玉不能说向着亲娘，不向着奶奶，这里有一个先后的问题，有一个原则的问题，只能站在奶奶这一边，但是他又不能跟着奶奶一块儿说，揭发自己的亲娘更是不可能，所以他只能沉默，只能低头不语；薛姨妈不能说话，因为她是亲戚，而且王夫人是她妹妹。这个时候探春说话了，探春是庶出，并不是王夫人肚子里生出来的，探春就说："哎哟！这您老也糊涂了，哪有大伯子讨妾先跟婶子，也就是弟妹商量的呀！"因为在中国的规矩里，大伯和弟妹之间的关系是很严肃的，不能轻易开玩笑，轻易开玩笑属于乱伦行为，但是兄弟、小叔子跟嫂子是可以开玩笑的。结果探春这么一说，老夫人说："哎呀！真是。"然后回过头来埋怨宝玉说：你怎么也不提醒我，我这儿错怪你妈妈了。对于这一段，我国当代颇负盛名的文艺理论与美学家王朝闻先生有过一段非常精彩的分析，他说："贾母在这个家族的巅峰上，她实际上有一种阴暗心理，她并不是真的信任她周围的这些人，但是她不信任也没有别的办法，所以碰到一点儿事她一下子就火了，就口吐真言，说'你们全算计我'。"

这个分析是很精彩的，但是对这个分析还要补充一句：贾母的尊严在某种程度上是建立在虚假的基础之上。举一个例子，也是过年，贾政出了一个灯谜叫做"形自端方，身自坚硬"，出完这个灯谜以后就把宝玉叫过来，告诉他叫做砚台，然后宝玉赶紧过去悄悄告诉贾母说是砚台，然后贾母说，"这还不知道？砚台！"于是全场欢声雷动，"高啊，高啊！就是贾母高！聪明！智慧！智商！天生的！有福气！"一片颂扬。这是不是一个闹剧呢？这是不是一个骗局呢？这骗人

的人就三个，串通好了的，一个是贾政，一个是贾宝玉，一个是贾母。问题是贾母的地位需要这种骗局，被骗的人是一大堆，并不知道他们三人是怎么串通的。所有人都认为贾母高，都认为贾母的智商就是高于我辈，咱们还是老实听贾母的吧，所以这个骗局对贾母来说是必要的。相反地，如果任何一个人在那种场合下敢于提出异议，我们假设贾环在那儿，他有反抗精神，听到他们三人在说话，说老太太聪明什么呢，你们这个纯粹是骗局，我爸爸说完就告诉我二哥，二哥过去就告诉老太太了，当我没听见呢？遇到这种情况，贾环应该怎么样呢？不用别人，贾政就会把他掐死，判处死刑，立即执行。所以这个骗局对于贾母来说是必要的，她要享受这种骗局，可是享受骗局的结果是她内心里仍然有一种警惕，知道里面有很多人不见得真的那么爱她，只不过是由于她的地位、她的位置，由于她手里掌握的手段比较多，所以她要随时提防着不要上当，不要让他们给骗了。

　　还有就是在《红楼梦》第七十三回，贾母闻听宝玉被吓。先是贾政要回来，宝玉就要念书，临时恶补。夜里正在念书的时候，"砰"的一声，一过去说没事，是一个小丫头，陪着少爷没完没了地夜读，小丫头受不了，又不敢先于少爷睡觉，坐那儿打盹脑袋撞在墙上了。接着芳官出去，她回来以后扎呼，说是刚才看见墙头有一个人跳下来了。这个是真是假我们暂且不论，可是晴雯觉得这是一个好机会，就说宝玉吓着了，夜里墙头上跳人了，吓着了，这样造出一个假的事情。由于这个谎言，衍生出下面的事情，最后发展成搜索大观园，只是最后最倒霉的也是晴雯和芳官，所以每个人都是搬起石头砸自己的脚，都是自取灭亡。

　　因为有人跳进来，所以大家就进行查夜。查的结果就发现有些值夜班的人在赌钱。对于这件事情，探春就表示查是查了，倒是没有发现什么太大的问题，因为当时探春已经当过家了，但是贾母忽然说了一段非常凶恶的话："我必料到有此事"，就是说这个事情不是偶然的，这是必然的；"如今上夜各处都不小心"，不小心这是小事；"只怕他们就是贼，也未可知"，如此便断定这些上夜的人就是贼。然后她批评探春："你姑娘家如何知道里头的利害？"你要钱是常事，然后底下是一个逻辑：既要钱保不住不吃酒，既吃酒免不得门户任意开锁，或买东西，寻张觅李，其中夜静人稀，趁便藏贼引奸引盗，何等事做不出来？

这个逻辑非常可怕，因为从现代法学的观点来说要钱就是要钱，偷摸就是偷摸，不能说既然你偷摸了，便证明你杀过五个人，这个逻辑是不存在的。这说明贾母的阴暗心理还不仅是表现在讨鸳鸯的事情上，她并不是等闲人，而是充满了警惕的，她认为她的处境实际是险恶的。在她说自己是老废物的时候，她是充满自信的，但是她说他们都是贼的时候，虽然这一点书中并没有细写，却是她的自信正在消失。

贾母最好的表现，最精彩的表现，是在抄家之后的表现。抄家之后，第一，她不埋怨任何人，尤其不埋怨王熙凤，因为这里头有很多事都是王熙凤办的，像放高利贷、包揽诉讼、迫害尤二姐至死，所以王熙凤非常恐惧，她最恐惧的是她在贾母那里失宠。但是贾母丝毫不埋怨她，因为在这个时候你如果再埋怨旁人只会引起内讧，所以贾母很有风度，谁都不埋怨。第二，她把自己的私产拿出来解决这些问题，而且鼓励大家要欢笑，要保持乐观情绪。这个时候使人们想起了一个口号，叫做"处变不惊，庄敬自强"，这是贾母的能耐，她确实是一个重量级的实力派人物。

被禁锢的孙悟空

文学巨匠吴承恩所著的《西游记》作为中国古典文学的四大名著之一，脍炙人口，不但受中国人民的广泛喜爱，连一些外国人也是爱不释手，上至耄耋之年的老翁，下至三岁儿童无不对这个作品表示由衷的喜爱。《西游记》具有特殊的情节，独特的风格，神奇的人物。就其人物而言，除唐僧是一个有血有肉的人之外，其余几乎都是神佛妖怪之类。他们打遍了上中下三界，似乎与我们所居住的世界并没有什么关系。但书中所塑造的每一个形象，又都那样具有魅力，使我们并不感到生疏。其性质颇与古代神话传说及寓言文学有所不同。

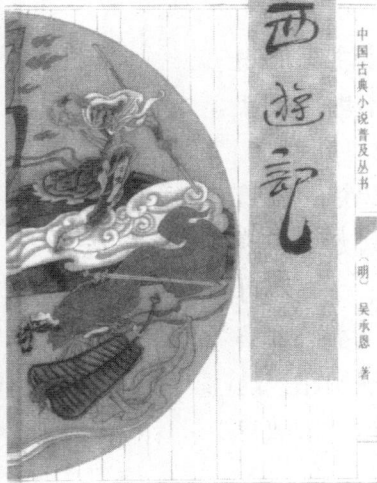

在《西游记》中，孙悟空无疑是最具光彩的艺术形象。石猴横空出世，便惊天地、泣鬼神，大闹天宫，打败所有的神仙，二郎真君、托塔李天王、太上老君、四大天王全都不在话下。把玉皇大帝和阎王爷的宫殿闹得是天翻地覆，把东海龙王的龙宫闹得是倒海翻江。至此，读者们无不为孙猴这种大无畏的精神叫好！

但是，综观孙悟空的生命旅程：从大闹三界（主要是大闹天宫）到护法取经；从挥舞金箍棒与天奋斗、与地奋斗、与神奋斗到双掌合十口宣佛号；从齐天大圣到"南无斗战胜佛"，他走了一条思想自由的道路。中外文学名著中的悲剧人物，一般是以生命来向一种旧的制度、旧的思想体系抗争的。如莎士比亚悲剧中的主要人物形象，生命牺牲了，悲剧随之完成。孙悟空则付出了更大的代价，自由被彻底剥夺，悲剧却仍在继续，因而孙悟空是一个层次更深刻的悲剧形象。

仔细想一想，从大闹天宫开始，孙悟空就已经是一个悲剧人物了：巨灵神、四大天王、李天王和二十八星宿之流根本无法和孙悟空相比，从能力上来讲，他绝对配得上天神的名誉；他没做过任何坏事，却被一班庸才诽谤为妖猴。大概可以和他相提并论的，想来只有哪吒和杨戬，可是这两个人也是天庭的另类，也都反叛过天庭，一个被招安，一个去隐居。

孙悟空的悲剧性可见一斑：要对抗天庭，却和自己的潜在战友打得不亦乐乎！到了保护唐僧西天取经时，就表现得更加清晰了。当孙悟空已经被龙王劝服，回转到唐僧身边时，观音却给他戴上了金箍。看看观音幻化而成的村妇多么善良！毫无戒备之心、彬彬有礼的孙悟空就这样被禁锢起来，可见孙悟空内心的良善远胜善心远播的观世音。黑风洞黑熊精窃取袈裟，孙悟空将其制服，结果是帮观音收服了一个打扫竹林、看护庭院的家奴；平顶山的金角大王、银角大王，在败给孙悟空之前，不知害了多少人命，只因为是太上老君的丹童，就得以逃脱惩罚；朱紫国的妖怪居然抢了国王的王后！又是观音的坐骑！观音为了保面子，居然说："若不是你盗了紫金铃，十个悟空也不是它的对手"！还有更加可气的，也是在这一回，紫阳真人把紫霞仙衣穿在金圣娘娘身上，却不去救她，见死不救的行径，哪像个得道的真人？又或许他知道妖怪是观音的坐骑，观音还没管束，他插手不合适？最可悲的要数对付黄袍怪。黄袍怪是二十八宿中的奎目狼君，是天庭上仙，但他犯下的罪行，哪一条提出来不是可诛之罪？他强掳公主在先，施与诱奸在后，谎言与威逼并举，杀害生灵无数，结果玉帝只是把他召回了事，还说是惩戒已满，回天庭复职！再往后，唐僧师徒在天竺降服犀牛精，还要对他客客气气的！

　　整部《西游记》，这样的情形数不胜数，几乎百分之九十的战斗都以"有高人相助"收场，到最后，所有妖魔都是有背景的，不是这个大仙的家奴、就是那个菩萨的宠物或坐骑。总之，即使妖魔做了天大的坏事，也杀不得。可见，即使孙悟空被封为"斗战胜佛"，他的"斗战胜"也无从谈起。一个伸张正义的英雄，却要屈服于他所应该反抗的阴暗势力之下，是何等的悲剧！不对妖魔斩草除根，能保证他们不再出来害人吗？更何况妖魔还有主子的纵容和保护！

　　现实对英雄的折磨在大雷音寺达到了顶峰，如来座下弟子摩呵伽谒和阿喏陀向唐僧师徒索要人情时，就连猪八戒和沙僧都看不下去了，而孙悟空却在和如来的理论之中没有坚持自己的原则，也许这时的英雄已经看倦了天神们的表演，为了取经大业而甘愿隐忍，孰料就连首次传经也是骗局。

　　事实上，整个取经过程何尝不是个骗局？面对善良而质朴的百姓，佛界的掌权者用迷人心智的经书来达到增加自己香火的目的，而他们面临的最大问题就是孙悟空的存在，明确地说是孙悟空自由之心的存在。他们不害怕孙悟空的神力，而是怕这种自由的、不屈的精神在百姓之中流传开来。所以他们选定了由孙悟空保护唐僧去西天。唐僧在《西游记》中是一个没有自己灵魂的人物，他平时诚实善良、平和温文，是善良百姓的代表，但他对神灵的盲目崇拜使他在一个时期内对孙悟空十分不信任，三打白骨精时，一个并不高明的把戏就让他毫不犹豫地赶走孙悟空，内心的冷酷让人不寒而栗。这代表着人们可以为了一己私利而抛弃一切，包括自己的恩人和朋友。不

幸的英雄要保护着这样一个师父到西天，内心的疲惫和压抑可想而知，可是没有办法，这是佛为他选择的宿命。

郁达夫在纪念鲁迅先生的文章中说，没有伟人的民族和国家是悲哀的，有了伟人（或英雄）却不知道去爱戴，则更加悲惨。代表人民的唐僧驱逐他本应爱戴的孙悟空（英雄），对郁达夫这句话是不是一个标准的魔幻主义似的注脚？等到唐僧了解了孙悟空"不是一只妖猴"时，孙悟空已经被残酷的现实变得麻木了，就如同在上文中提到的，他保护唐僧的目的之中，不知不觉地有了一个得道成佛的隐藏目的，这代表着孙悟空的信仰由道转释（孙悟空的师父是道家大圣），即由自由走向束缚，全书的悲剧基调显露无遗。

细心揣测，不难发现，中国古代神话之中大多隐藏着一种被压抑的企图，那就是弑君。而弑君在我们的历史书上，如果不是革命，就绝对是大逆不道。所以千百年来，识大体的艺术家们都在自己的作品中小心翼翼地掩藏了内心的这个企图。为什么给孙悟空戴上金箍？因为观音和唐僧同样也是天界、佛界权力上的棋子，他们给孙悟空戴金箍，实际上是要阉割孙悟空的这种企图。

在中国古代，父亲（师父）天生具有阉割的使命，而且这一使命往往具有继承性。儒家思想中的务实性千百年来一直指导着父亲（师父）将自己的子女和学生塑造成完全符合条例的官员、百姓和文人。所有新生力量都会不同程度地具有反抗精神和创造力。但是在成长的过程里，他们又都不可避免地遭到修正，包括《红楼梦》里的贾宝玉和《封神演义》里的哪吒。

我们来对比一下孙悟空和哪吒：实际上，"金箍降猴"和"李靖杀子"是两个本质上相同的情节。表面上，哪吒闹海之后，龙王水淹陈唐，哪吒为百姓的利益放弃了反抗，但事实上他的反抗是由于力量过于孤立（得不到父权的承认和支持），最终才放弃。在这里，父亲（保守势力）对儿子（新生势力）革命企图的扼杀直接造成了后者的死亡。7 岁的哪吒是原生状态的正义代表，他不懂得世俗复杂的人际纠纷，看到不平就勃然大怒（和孙悟空何其相似），打死了傲慢残忍的敖丙，还抽了他的筋，且大肆戏弄东海龙王。在正常规则之内，面对面的战斗，龙王根本不是哪吒的对手。于是他借助权力来制衡，通过体制内李靖这位父亲间接达到除掉哪吒的目的，结果这个傀儡父亲为了平息事端，竟不惜牺牲亲生骨肉。

所谓大义灭亲，这个做法貌似顾全大局，实则是丧失了人性和神明的公正。所以哪吒也是被扼杀、被阉割的，并非自杀。再想想《红楼梦》里宝玉挨打一节，贾政在驳斥门客们的劝解时，说了一句名言："你们问问他干的勾当，可饶不可饶！素日皆是你们这些人把他让坏了，到这步田地，还来劝解，明日让到他杀父弑君，你们才不劝不成？"待到王夫人求情时又道："不如趁今日结果了他的狗命，以绝将来之患！"也是表达了一种对后辈可能杀父弑君的恐惧以及试图阉割自己儿子的企图。

在中国古典名著里，并非只有像《金瓶梅》那样以直接描绘性场景为乐的作品，其实，即使是《西游记》和《封神榜》这样的神魔故事也都充满了对性的暗示。甚至可以说，这种对性观念极其隐蔽的阐述，正是这些作品内容得以丰富的根源之一。

现在让你判断，也许你会说"不近女色"是《西游记》表现在外部最突出的一个性观念，因为性欲显然对出家人的"修行"大为不利。这看起来似乎很有道理，但并不准确。因为在前往西天的路上，唐僧被女妖暗恋的出现频率之高，几乎不亚于想吃他肉的妖孽，有时候它看起来已经不像是对唐三藏的考验，而是一种作者的愿望流露。抛开猪八戒这个典型的色鬼不谈，我们说说孙悟空。

孙悟空在这里，代替作者，或者说民众，扮演了一个裁判者。在孙悟空眼中，一切妖魔都是可诛的，不管他们或她们接近唐僧时抱着何种目的。悲惨的莫过于此，杏花仙子为了纯洁的情爱目的，却险些丧命，而奎目狼君十恶不赦，却连重伤都没受。可见即使纯洁的情爱，在孙悟空这样的英雄面前都是不可以接受的，是比杀人都可怕的罪恶，那在普通人心里是个什么样子？

中国传统思想是儒道，而《西游记》的核心是佛家思想。儒道督促人守理，特别是自理学大师朱熹往后，更加强调男女之理。而佛家则是要求人们控制自己的一切欲望，自然也包括爱与性。如果大家觉得妖魔的爱让人难以接受，那我们来看看女儿国国王。

国王对唐僧的爱情是没有任何利益目的的，唐僧作为一个有道高僧，品行端正，佛学精深，为了求取真经百折不回。国王爱上他本身就是佛家所反对的孽缘，唐僧自然是不会动心的。此前，孙悟空面对追求唐僧的女妖都是"先吃俺老孙一棒！"可是在这里他没有这样，并不代表孙悟空内心接受这种感情。因为孙悟空知道这是对唐僧是否心诚的最大考验，他不能插手也无能为力，同时也是因为他相信唐僧可以克服欲望的诱惑。在这些章节里，孙悟空所代表的英雄和唐僧所代表的普通人的观点是一致的，于此也说明现实中的社会对此有一个共同标准，是一种民族的性压抑。

孙悟空的一生是个重大悲剧，是个发生在所有理想主义者身上最常见的悲剧。首先，作为一个无性繁殖的产物（异种），他没有明确的身份，于是他大闹东海龙宫，夺走了可以自由伸缩变幻的金箍棒，这象征着他夺回了自己的男性依据。但是，当他希望获得更高层次承认的时候，大闹天宫的失败再次阉割了他的本性（类比哪吒的失败），他的独立人格被拦腰斩断，从自由神沦为高级私人保镖。可以说，从大闹天宫之后，《西游记》完全变成了另一个故事。

哪吒不同，他从一开始就是异形（出生时是"莲花状肉身"，复活后是三头六臂），尔后当他被迫自刎时也只有7岁，所以可以说这个被父亲间接阉割的人物终身都保持着男童身份，从而也就丧失了正常的男性功能，这也就解释了为什么"闹海时代"那个疾恶如仇的哪吒，在"大闹天宫"时却彻底沦为权力阶层的爪牙——因为停止发育，使他形成了畸形的人格。

《西游记》的思想内容是比较复杂的，其原因在于：首先，它是一部神魔小说，具有神魔小说反映现实的特点，即不是现实生活的具体冲突表现，只是现实生活中某些抽象化本质的反映。因此，人们只能按照神话的特有形式去认识和把握它的含义。其次，《西游记》的成书过程造就思想内容方面的复杂性。"大闹天宫，失败皈依；西天取经，终成正果"这一传统的基本框架，始终是与统治阶级宣扬宗教、提倡正统意识相通的。作者虽讽刺了许多世间万物许多神佛鬼怪，但故事的基本框架却未作改变，这就产生了具体内容与结构形式的明显冲突，孙悟空是反抗传统的大英雄，最后却成为所谓取经中的一员。这可能就是书中最大的讽刺了吧！

《西游记》的艺术情节显示了孙悟空在与以维护玉帝为目的的"神圣同盟"的决战中，因为总体实力的过分悬殊而归于失败。而皈依佛门、保护唐僧取经乃是被镇压在"五行山"下求生不是、欲死无门时的唯一选择，这正是他的悲剧所在。但在中国民间，那神通广大的金丝猴形象太深入人心，在世代流播的过程中，始终不减那神奇的光彩，因此人们很难接受孙悟空是悲剧形象的观点，这种心理已经形成一种强大的定论，以至于说孙悟空是悲剧形象似乎就是对他的亵渎。误读从此产生，从吴承恩《西游记》的本意上看孙悟空原先是坏的，后来才修练好了。现在看来，所谓好坏，本质上也就是是否愿意放弃自己的自由。在《西游记》中这和紧箍咒是联系在一起的，一个箍，一声咒，简直比法国人福科那些枯燥的理论更能揭示事实的本质。

第二章
时势混沌的 "英雄"

中国人习惯于简单的二元思维。在这样的思维模式下，英雄人物都是十全十美的高大、完美形象；而坏人则被描述成一无是处、毫无人性的十恶不赦之徒。历史是对成功的标榜，是统治者的代言——"胜者王侯，败者贼"。历史总是由胜利者编写，胜利者书写的历史难免掩盖自己的不足。这就使得之后人们所看到的历史记载中必然充满着史实上的偏见和悖谬。所以，要想真实地了解人类的过去，就必须透彻地解析那些记载历史的文本，以纠正被某些人所误写和误读的历史。

项羽的不白之冤

　　火烧阿房宫的说法流传了约两千年,项羽火烧阿房宫几乎已经成了历史常识。《史记》上明确写着:"项羽引兵西屠咸阳,杀秦降王子婴;烧秦宫室,火三月不灭。"在晚唐诗人杜牧《阿房宫赋》:"蜀山兀,阿房出,覆压三百余里,隔离天日"的推波助澜下,人们相信:豪华奢侈、雄伟壮丽的阿房宫,目睹了秦帝国昙花一现的辉煌,也伴随了秦帝国的谢幕。然而,这只是人们一厢情愿的想象,虽然此构想并非空穴来风,但它与历史的真实相去甚远,同时也误导人们太久。

　　秦阿房宫是秦王朝的政令中心,宫殿建筑群规模宏大。它位于今陕西省西安市以西 13 公里处,与秦都咸阳隔渭河相望。西汉时,阿房宫遗址被划入上林苑范围内进行宫苑建筑。因其东、北、西三面有厚重的宫墙,史称"阿城"。阿房宫因地势高,历代多为驻军之地,宋代以后逐步夷为农田。然而,刚进入 21 世纪,阿房宫考古工地就传来一个出人意料的消息:阿房宫遗址并没有大火焚烧的痕迹!眼看项羽"纵火犯"的罪名就要被洗刷干净,不料媒体又爆料,指称"找到了阿房宫毁于大火的证据"。究竟是怎么回事呢? 这扑朔迷离的"案情"要从两头讲起。

　　一头是既然阿房宫并没有被大火焚烧过,那么何来项羽火烧阿房宫之说? 据考古专家指出,在他们对阿房宫前殿进行考古勘探和发掘前,曾经在咸阳第一、第二和第三号宫殿建筑的考古发掘中,发现了宫殿遗址被大火焚烧的痕迹。对照史料来看,秦汉时期的文献资料中并没有项羽火烧阿房宫的记载。《史记·项羽本纪》是这样说的：（项羽）"遂屠咸阳，烧其宫室"。后一次提到，说得也是"烧秦宫室，火三月不灭"。这里所说的"宫室"，应该就是考古发掘中发现被火烧过的秦都咸阳宫和其他秦朝宫室。这个纵火现场在咸阳，而不是在秦时地处渭河以南的上林苑中的阿房宫。后人误会，把它说成是阿房宫。

另外一头是，媒体所谓的"证据"来自何方？那是在阿房宫前殿遗址的考古工作已初步结束时，考古队想要确定阿房宫西面的界线，结果在距阿房宫前殿遗址西1150米处发现有座规模较大的园林建筑遗址。从该园林建筑遗址建筑物倒塌的堆积情况来看，该座园林曾经遭遇过火灾。于是，媒体发布了上述的消息。然而，专家们认为这座园林并不是阿房宫的建筑。他们对该园林出土的板瓦、筒瓦以及瓦当等建筑材料进行了鉴定和分析，断定这是战国时代秦国的一座园林建筑，也就是秦始皇统一中国之前、由他的先人所建造的皇家园林，属于上林苑中的建筑之一。而阿房宫是秦始皇统一天下后在上林苑内所造的宫室，它的时间要晚得多。两者不能混为一谈。

本来，火烧阿房宫的事到此也就差不多了，但阿房宫的确是座多事之"宫"，考古学家在进一步发掘后，又爆出一个惊人的消息：阿房宫根本就没建成过！

中国社会科学院考古研究所和西安市文物保护考古所组建的阿房宫考古工作队，历经两年多时间，对现存的秦代阿房宫前殿遗址进行了地毯式的全面考古勘探，结果只发现了阿房宫的前殿基址。阿房宫遗址位于今陕西省西安市以西13公里处的渭河以南，与秦都咸阳城隔渭河相望。从2002年10月开始，考古队在阿房宫前殿遗址发掘面积达3000平方米，勘探面积达35000平方米。在勘探过程中，对于目前已经被村庄覆盖的遗址区，考古人员也没有放

过，除水泥地和砖铺地之外，就连花池内、羊圈中、厕所旁、房屋间的空地等都进行了密集的勘探，结果只发现了秦时的城墙遗迹。其倒塌的堆积物中含有大量的秦、汉瓦片，但没有发现秦代宫殿建筑的遗迹如殿址、明柱、廊道、排水设施等，也没有发现秦代不可缺少的建筑材料瓦当。由此，考古专家认为，当年阿房宫工程只完成了前殿建筑基址和部分宫墙的建设，而宫殿建筑基址以上部分并未来得及营建。

同时，文献资料也可证明阿房宫并没有建成。《史记·秦始皇本纪》记载，阿房宫从开始修建到最后停工，前后延续最多有 4 年时间，而实际施工时间还要短得多。修建阿房宫一年多，秦始皇就死了，劳力被拉去修秦始皇陵。后来秦二世复修阿房宫，没多久秦朝就灭亡了。根据勘探发掘确定，阿房宫前殿遗址夯土台基东西长 1270 米，南北宽 426 米，现存最大高度 12 米，夯土台基面积五十四万多平方米，是迄今所知中国乃至世界古代历史上规模最宏大的宫殿夯土台基基址。仅就前殿五十四万多平方米的台基来看，像阿房宫这样规模的建筑，在当时的条件下是不可能完成的。其次，根据记载，从秦始皇晚期至秦二世再到秦王子婴的全部政治活动都是在咸阳宫或望夷宫，从未提到过阿房宫。《秦始皇本纪》中还有一段明确的表述："……阿房宫未成；成，欲更择令命名之。作房阿房，故天下谓之阿房宫。"因为这个宫殿就盖在近旁，暂时就叫做"阿房宫"，这实在不算什么名字，所以秦始皇原是打算造完后再取个好名字的。但是，它没完成，所以也就没有名字，"阿房宫"也就一直叫到现在。至于杜牧那篇绘声绘影的《阿房宫赋》，专家们认为，那也只是他根据生平所见过的宫殿发挥出来的艺术想象罢了，而明代以后出现的阿房宫图，则是建筑在杜牧的想象之上。

其实，历史上早就有人指出过阿房宫前殿没有建成、文献上关于其规模的描述是图纸上而非实际上的。南宋程大昌在《雍录》中写道："上可座万人，下可建五丈旗者，

乃其立模，期使及此。"其中，后两句已明白指出：那是
设计的模型，希望达到这样子。可惜这种与众不同、富
有智慧的声音，在很长一段时间内并没有引起人们应有
的重视。

　　如今，在与秦阿房宫前殿遗址一路之隔的一片空地
上，一个总占地面积780亩的人造景观——秦阿房宫，已
由当代人建成。建筑群包括阿房宫前殿、兰池宫、六国宫
室、长廊、上天台、祭地坛等众多建筑。传说中的阿房宫
被人们誉为"天下第一宫"，虽然它在历史上未曾建成，
但阿房宫的概念早已深入人心。

　　既然阿房宫根本就没建成，那就更肯定了项羽没有烧
阿房宫的说法。一个莫须有的罪名，一场历史的误会，个
中滋味，细细品尝起来，倒是余味无穷的。

唐太宗一世英名的背后

　　中华五千年的帝王史，在这条充满血腥的长河中，数以万计的生命在一场场的战争中不断地离开了这个尘世。血流成河，白骨如山，人类就在这个世界上演绎着最为残忍的自相残杀。这一切都是为了什么，难道说只是有些人的私欲所致吗？背负着这些恶名的人却是推动了人类进步的英雄啊！只有战争才有和平，只有在战争的催化剂下，各种事物才会疯狂地成长。而和平就是成长时的"保护伞"。于是，每当到了一个瓶颈，就会有如此的一个循环，但这种进步所需付出的代价却是极其残忍的。只有少数的人能够承担起这种责任。"天地不仁，以万物为刍狗"，在大自然中一切都是公平的，"适者生存""强胜弱汰"，这是永远不变的法则。人类社会也只是大自然的一个部分而已，并不能脱离这个规则而超然独立，想要生存，就只有遵循该法则，用血腥换来生存空间。而能够承担此种血腥的，也只能是最无情的心态，无情相对于一切的有情。

　　皇宫一向是被称为最肮脏的地方，那里充满了钩心斗角，有的只是为了利益而不择手段。在那里不存在任何的感情，而身为主角的帝王更是可以杀兄弑父，原因只是为了那个皇位。这一切看来都显得令人鄙视和唾弃。没有人想到这里是全社会的核心，任何一点的变动都将影响到全社会。他们的行为不只是自己的行为而已，而是牵涉千万人生命的行为。这里不能有一丝的感情，必须站在最客观的角度从纯利益的角度出发，才能给社会带来前景。无情是必备的要素，作为群居动物的人类，谁真的愿意孤家寡人地面对孤独？而在那个位置上则必须为了某些东西而放弃更多常人所拥有的。无情是残忍的，但必须毫无顾忌地实行。

唐太宗李世民恐怕是自秦始皇以来，最受人们推崇的皇帝了。他具备许多值得人们称颂的素质，他流传下许多值得人们深思的故事。他的言行、他的功绩、他的治国之道以及他纳谏的胸怀，他治下人民的幸福安乐，时至今日仍为阅读历史的人所津津乐道。遍布世界的"唐人街"中的"唐人"，就来自他的父辈所建立、所巩固发展、他的子孙所延续的大唐王朝。

李世民，高祖第二子也。在武德九年（公元 626 年）之前，太子一直是李世民的哥哥李建成。也就是说，唐高祖李渊并没有准备把大唐的江山传给李世民，而是准备让自己的大儿子李建成继承大统。但在武德九年的六月四日发生了中国历史上最"正义"的政变，它改变了一切，也改变了历史。唐朝都城长安刀光剑影，喋血百步，唐高祖次子秦王李世民在宫中发动政变，杀其长兄李建成、四弟李元吉及其家属数百人，史称"玄武门之变"。

《旧唐书》对这一天发生的事记载得非常简单："九年，皇太子建成、齐王元吉谋害太宗。六月四日，太宗率长孙无忌、尉迟敬德、房玄龄、杜如晦、宇文士及、高士廉、侯君集、程知节、秦叔宝、段志玄、屈突通、张士贵等于玄武门诛之。"

后来的事情就顺理成章地发展下去了：李世民被立为皇太子，开始当家，一切政务都由他决断；"七月壬辰，（李世民封）高士廉为侍中，房玄龄为中书令，肖禹为尚书仆射，长孙无忌为吏部尚书，杜如晦为兵部尚书，宇文士及为中书令。封德彝为尚书仆射。"参加玄武门诛杀太

子和齐王的人，大多马上得到重用；"八月癸亥，高祖传位于皇太子，太宗即位于东宫显德殿。"李世民名正言顺地坐上了皇帝的位置。

从"玄武门之变"到高祖退位，仅两个月的时间。李世民不但杀害了自己的哥哥、弟弟，夺得太子的位置，而且逼迫自己的父亲提前让位，抢到了皇帝的位置。从即位后的文治武功看，李世民的确如他在"玄武门之变"时的表现一样：英明神武，不同凡响。其统治时期被称为"贞观之治"，有"夜不闭户、路不拾遗"的说法，成为历代帝王治下最为理想的状态和最高的境界。

但不管怎样，李世民也改变不了上台时的那一段历史。幸好历史是由胜利者书写的，在《旧唐书》里，李世民并没有像其他那些夺位者一样被史家直书为"窃国者"，而是被褒扬为率众"诛"杀太子、齐王的人。

而李建成却被书写为阴险狡诈、好色贪功，与襟怀磊落、英明神武的李世民站在一起，不得不让人庆幸登上帝位的幸好是李世民。然而通过历史的重重黑幕，我们可以隐约看到，李建成与上述形象是有很大差距的。李渊太原起兵之后，李建成西渡黄河，攻克长安，此举在当时的战略地位并不亚于后来李世民所攻下的洛阳，甚至犹有过之。李建成在战争初期即占据长安，唐军声威大震，顿时成为最有希望问鼎中原的一支割据力量，不但使得蜀地的势力不得不下决心依附于唐，西秦霸王薛举被切断在西北成为孤军，又令王世充占据的洛阳西方成为死路，当时蠢蠢欲动的突厥也不得不顾及强大的唐军加上坚城长安的效果。此后，李建成又与窦建德相持，没有让当时气势正盛的夏军逼近太原，军功与李世民相比毫不逊色。

即便说李世民更善用奇兵，有虎牢一战的经典战例，也不能说明李建成的用兵能力就比李世民差多少。因为在历史上，在宫闱之战中败北的人即使有再经典的战例，也不会被详尽地记入史书，顶多说上一句"建成纳计，乃克长安"。再看李建成的人品，史书上最不堪的大概就是奸淫父姬的罪名了，史载李世民于武德九年密奏高祖"建成、元吉淫乱后宫"，可谓是石破天惊的一笔。因为直接跟皇帝父亲说哥哥、弟弟给您戴了顶绿油油的帽子，未免也太过滑稽。任李渊脾气再好，大概也不会窝囊到让此事不了了之，而且居然还让史官知道，并写进历史。这条史载记录大半是李世民座下史官原创的吧！

司马光在《资治通鉴》中含糊道"宫禁深秘，莫能明也"。李建成无论是在正史中，还是在稗史小说中，均以阴谋家身份出现。然而其阴谋却屡屡失败，让人怀疑他究竟是不是块"窝里斗"的料。从历史上看，弟弟的阴谋能力大多强于兄长，有姬发之于姬伯邑考、公子小白之于公子纠、胡亥之于扶苏、刘秀之于刘縯、杨广之于杨勇为证，大概只要有一个雄才大略、野心勃勃的弟弟，兄长的位置就要危乎其危了。这大概不是偶然，身为嫡长子，总有"居安不能思危"的倾向。相反，李世民却因一句"居安思危"而霍然动容。那么，谁会在这场权力斗争中纵横不倒也就不言而喻了。

"玄武门之变"是一枚历史的纽扣，如果将其扣入皇朝的历史中并无稀奇可言，而将其放入人性的清水里则显得眩目幻彩。虽然，为了争夺皇位，弑父杀兄、手足相残的事在历史上不知出现过多少次，早已司空见惯，不是什么大不了的事，而且在政治斗争中也只有残酷才能取胜，才能活命，但问题是：这次做这事的不是别人，而是在历史上几乎被称之为完人的李世民。

其实，政治这东西本身就是非常危险的。处于政治漩涡中的人，无论是被历史称颂的明君良臣，还是被历史贬斥的暴君佞臣，不论是"君子"，还是"小人"，都不可能彰显自己的人性，都不可能讲什么道德，都不可能像我们这样的小人物那样注重细节。

在政治里打滚的人，包括李世民，早就将人性、道德这种风花雪月、温情脉脉的东西抛之于脑后了。他们从投身于政治的那一天起，就已经做好了丢掉人性的准备，甚至可以说，就已经丧失了人性。而那些没有装备人性的"大人物"，却总是要求别人讲人性、讲道德，真是令人啼笑皆非的事。

在政治家面前，人性软弱得没有任何重量。在政治斗争面前，人性脆弱得不堪一击。李世民作为一个政治家，其行为没什么可非议的，其杀兄杀弟，是再正常也不过的事情，也并不影响他成为一代明君。但作为普通人的历史学家们却不这样想，他们总觉得：他们应该给人们一个完美的李世民。于是，他们就利用书写历史的机会，拼命地洗刷李世民身上亲人的"血迹",一心想还他一个"清白"。

人们总是说:"玄武门之变"造就了一个万世明君。但每读到这段历史,总是令人们不由自主地想道:如果没有"玄武门之变",李建成顺利即位,会不会产生一个比李世民还"贤"还"明"的社会呢?那真是说不清楚。但历史是已经发生的事,历史没有"如果",也没有"假设",历史就是历史。

综观历史,秦始皇败六国而一统天下,焚书坑儒、修筑万里长城,生命在他手中犹如一堆杂草,可随手弃之,秦始皇也因此受尽了恶名。然而也正因为他这种无情才有了华夏大地的第一次大统一,结束了几百年的战争,更让华夏有了一道无人可破的军事屏障。也许他负尽了他那个时代,而他却为整个天下带来了前所未有的稳定。李世民杀兄逼父,通过"玄武门之变"而登上皇位,才有了唐朝的盛世"贞观之治"。对于李氏家族来说,李世民是个毫无人性的罪人,对于自己的亲人都能够斩尽杀绝,而对于天下而言,却得到了一位千古明君,这是舍小家为大家的无情。刘邦可以狠心地推妻下车逃亡,可以面不改色地与项羽分吃父亲的血肉,正是他这种毫无人性的无情,让他在项羽的忽视下得以成长,终而成为一代雄主,带来汉朝的几百年盛世。赵匡胤的"杯酒释兵权",朱元璋对共同打江山的兄弟狠下杀手,都是为了自身的利益,更是为了天下的安定。历史上有太多这样的例子,在上位者心中,大局永远是最重的,为了大局可以牺牲一切东西。只要大局胜利,负尽天下人又如何!

岳飞之死引发的争议

"青山有幸埋忠骨，白铁无辜铸佞臣"，端坐的岳飞塑像，跪着的秦桧夫妇，正义和邪恶在这里受到了最严正的审判。正史也好，民间传说也好，都说岳飞是死于秦桧的陷害。为此，秦桧的塑像到现在还忠实地跪着呢！据称被口水吐得都不成人形了，似乎是铁案如山，不容得说什么。

到底秦桧是一个什么样的角色，到底是一个"良臣"还是一个"奸相"？或者用通俗的判断来说，他是不是一个"好"人呢？给岳飞编罪名的事情，他确实是做了；权臣弄柄的事情，他也做了，但是他不比宋真宗时期的丁谓、王钦若之流更"坏"，除了少数几个铁骨铮铮的直臣（以德报怨、犯颜直谏之类），秦桧的道德水准，并不比大多数的南宋官员差。让他和他老婆跪在岳飞墓前这么久，着实是"生命不可承受之重"。

秦桧何许人也？他是南宋初宰相。北宋末任御史中丞，公元 1127 年被金人俘虏，叛宋，3 年后回到南宋。高宗赵构曾两次任他为宰相，执政 19 年。秦桧这个人非常有才华，写得一手好字。我们现在的书本印刷字体就是根据他的字体演变而来的，他的字体在当时叫"秦体"，因为老百姓非常痛恨他，就以他的那个朝代——宋朝把他的字体流传下来，叫"宋体"，"仿宋体"字就是在宋体（秦体）上发展而来的。高宗赵构两次任他为宰相，原因之一就是看上了他的才华，此外他和金的关系也是主要原因。因为金兵屡犯，高宗赵构主张议和，秦桧的身份赵构不会不知道，这只能说明皇帝是有用心的。

　　岳飞是南宋抗金将领，力主抗金。这点和高宗赵构的观点相违背。为了阻止金兵南下，岳飞率军前后三次北伐，收复了河南等广大地区，并吸收了北方各地的抗金义军，群众称他们为"岳家军"。连金人都说："撼山易，撼岳家军难！"岳飞的势力是越来越大，在群众中的威望是越来越高，对于高宗赵构的皇位来说不能不构成威胁。一个宰相，秦桧他有什么能力去杀害岳飞呢？只有高宗本人有这个能力和用心。假借抗金的名义让岳家军的势力在与敌人的厮杀中削弱。谁知岳家军在抗击金兵时，没有如高宗赵构所愿，于是秦桧把岳飞召回临安，解除了岳飞的兵权，最后以"莫须有"的罪名杀害了岳飞父子。在人们阅读这段历史时，便产生了是秦桧以"莫须有"的罪名杀害了岳飞。

　　在此，请大家试想，如果秦桧真的要置岳飞于死地，为什么不编造点理由出来呢？秦桧状元出身，满肚子学问，替岳飞弄几条罪在不赦的理由想来不是难事，所谓"欲加之罪，何患无辞"？为什么偏偏要说出个"莫须有"的千古笑话来？"莫须有"三个字连韩世忠这样的武夫都骗不过去，怎么能取信于天下？由此可知，杀岳飞恐怕不是秦桧之意，他说"莫须有"，包含着"我也不清楚"之意，言下之意就是"不是我要杀他"。

　　那么，不是秦桧，又是谁要杀岳飞呢？很显然，非宋高宗赵构莫属。从事理上来说也是如此：秦桧再怎么样，毕竟是大宋朝的臣子，哪有想杀谁就可以杀谁的道理？何况他要杀的人非同小可，没有皇帝的授意如何行得通？实际上真正杀害岳飞父子的是高宗赵构，秦桧只是一个代罪羔羊而已。

　　在岳飞之死的过程中，秦桧始终只是一个配角，相权再大也大不过君权，秦桧拟定的刑罚是岳飞、张宪斩，岳云流放；结果是赵构亲自加了批示，前两个要斩，岳云也要斩！到底谁是主导力量，至此一目了然。至于秦桧背的这个包袱，是岳飞的孙子岳珂后来说：爷爷（他在书中称

"先臣")是被秦桧这个奸贼害死的！于是才成了定案（岳珂也是宋臣，他怎么能说是高宗力主杀的岳飞呢？自己还想不想在南宋混！）所以要找到岳飞致死的原因，还是要从赵构和岳飞之间的互动说起。

是人，总是有缺点的。南宋初期的中兴名将们也如此。吴阶好色，刘光世胆小怕死，张俊爱钱如命等，可以说上一长串！总之，就是这么一群各有所长、也各有缺陷的将领，撑起了南宋的一片天。

在刘光世调任中央的时候，他的兵本来高宗是要给岳飞的，后来有人提醒说岳飞本来实力就很强了，再给他这4万精兵的话，万一出事麻烦就大了，于是赵构就不给了。本来就这么一件事情，高宗给不给都有他的理由，毕竟这个兵本来就不是岳飞的，但岳飞马上就给高宗难堪，说母亲的丧还没有服完，我先服丧补满三年。大敌当前，岳飞就这么撂下话不做了。高宗三番五次地派人去请他，他死活不理，最后王贵和、李若虚在坟头前放了狠话说：朝廷用人之际，你死活不听朝廷诏令，莫非想谋反！岳飞这才如梦初醒，回任去了。

在淮西大战中，宋军先胜后败，自己不吃亏，金兀术也捞到了面子，两家都罢兵回去了。秦桧到了前线，宣布授予韩世忠、张俊为枢密使，岳飞为枢密副使。在淮西大战中，岳飞到后期才来，所以军功不如韩世忠和张俊，后来秦桧给岳飞的罪名上就有一条：不救淮西。之后朝廷下令兵马归朝廷派人接管，命令一下，张俊二话不说马上交权；韩世忠虽然不是很爽快，但也含含糊糊地交了兵权；只有岳飞不然，他放言枢密副使不做了，请求准许带着岳家军回到襄阳自己的地盘上去。

不久就有御史弹劾他（这个御史的名字叫做何铸，也就是后来顶住压力为岳飞申冤、辞官不做的人），奏章上面说："岳飞这个人自从当了枢密副使，一直都有怨言说'这个官职是多少年以前皇帝给我，我都不愿意做的'，实在有负圣恩。而且他还对楚州建立防御工事等多有怨言，说'楚州根本不可守'。如果真的听他的话，杀多少岳飞也救不回来啊，请皇上裁决！"

即便如此，赵构还是信任岳飞的，并没有把岳飞贬官或者训斥之类，而是厚待如常。此时岳飞反而主动上表了，上表做什么呢？要求高宗立储。原来，宋高宗赵构在长期和金兵捉迷藏的过程中得了阳痿，所以一直不能生育。作为一个男人，是什么样心情在此就不用多说。这本来就是难言之隐，而岳飞你要求什么不好，偏偏要求立太子，这不是让宋高宗难堪吗？再者，宋朝是重文抑武的典型，武人干政是犯大忌讳，不可能不引起宋高宗乃至整个朝野的戒心。岳飞的岳家军数量占全宋军队的1/4，又是最精锐的1/4 如果立储再听你的，那么长此以往，这半壁江山是姓岳还是姓赵啊？

根据目前的史料来看，岳飞确实没有什么篡位夺权的野心，只是傲慢了点，觉得自己是朝廷的柱石，立储的事情就算说说也没有什么不应当的，但恐怖的事情接踵而至。终于，在张宪和岳云的书信中，提到要刺激荆襄对面的金兵入侵，以此迫使南宋朝廷让岳飞回到岳家军中再掌兵权。这几封信虽然被烧掉了，但被统领王贵、王俊等人告发岳云、张宪谋反，岳飞作为二人的上级，尤其是岳云的父亲自然也难逃关系。

岳飞的"谋朝篡位""不救淮西""弃守山阳""妄议立储"几条罪状被确定。即便到这个时候，赵构也不想杀岳飞，打从心底里，他不相信岳飞会造反。从他只判了岳云两年流放就能看出来，惩罚是很轻的。按照赵构的理想，岳飞应该低头认了除谋反之外的其他罪，比如"不救淮西"等，然后叩头求圣恩，这样中央的权威才能得到维护，岳云、张宪象征性地流放几年，岳飞停职反省一段时间，本是一场皆大欢喜的事情。孰料岳飞此时犯了一个致命的错误，他强硬地坚持自己没有任何罪，就这么和高宗僵持了3个月。试想，到这个地步，换你是高宗你怎么处理？如果把岳飞放了，无异于自己打自己耳光。打自己耳光高宗无所谓，他是一个可以忍辱负重的人，但是置中央政府那好不容易建立起来的威信于何地？以后外面那些手握重兵的大将会怎么想？把岳飞放出去之后，岳飞手下看到连皇帝也不敢动他，久而久之，更不受中央节制，难保一朝兵变、黄袍加身重演，这些都是赵构需要考虑的现实问题。在皇帝眼中，一个好人可能的冤屈，与赵家江山的安全稳定相比，孰轻孰重？所以解决的办法只有一个：杀、杀、杀。秦桧起初给高宗的提案是岳飞、张宪斩，岳云流放，而盛怒下的赵构则亲自把流放改成斩首，这场赵岳秦三方演义最后以岳飞及其部属的悲剧而告终。当然，皇帝也有遮羞的办法，一是蒙蔽视听，硬说人家造反；二是转嫁恶名，让秦桧替他背黑锅。

　　在中国历史上有一个不成文的规矩，凡是迫害忠良的事，其罪状大多记在一两个奸臣头上。其实奸臣固然可恶，若没有皇帝默许和怂恿，哪个奸臣能成气候？所以，该跪在岳坟前请罪的，是宋高宗赵构；该让我们反思的是，解读历史时的坏习惯，使我们不知误读了多少历史真相。

一个真实的曾国藩

近年来，曾国藩的传记、日记解读和宦海生涯的研究蔚为大观，成为文化界的一大热门。留心曾国藩的研究大多集中在其为官、为政、为人等方面，其学术文章、个人修为却大多被人一略而过，可见"立德、立言、立功"三者中，时人对其事功的关注远远胜过于学问修为，而对事功的关注又多集中在其建立过程中的行为——与其说是想猎奇、想窥视曾国藩极其传奇色彩的人生历程，不如说是想在此过程中寻找若干启示。这本无可厚非，研究历史传奇人物，就是希望能从中体味历史，吸纳教训。但是在这些林林总总的书籍中，人们却可以明显地感受到浓烈的用世心理和急切的入世愿望，夹杂了狂热的功利性情。在社会竞争气息的营造下，甚至一些书籍中明目张胆地提醒读者"书中所示不可轻易试用"等，权谋畸变之心溢于言表，公然推崇曾国藩的奸诈奸讦。

世人皆知曾国藩家书的劝诫与表白的双重作用，却不知最初使用这个手段的是东汉名将马援，正如人们只知道赵匡胤会玩"杯酒释兵权"，而不知刘秀也曾是削兵权的高手一样。清代中兴名臣曾国藩是饱读历史的高级官吏，他更从中揣摩透了马援家信的精要，于是大力地开发起家书系列。马援写了一封，曾国藩要一封接一封地写，以致后人可编纂成集。

其实，早在曾国藩的杰出表演之前，就有

人把"少说话甚至不说话"总结成反义定律，叫"祸从口出"。西晋的大学问家傅立在《口铭》中说："病从口入，祸从口出。"该说法被引入北宋的《太平御览》。傅立这个总结的起源文献也来自儒家经典即《易经》。《易经》"颐"卦总说辞的"象曰"称："山下有雷；颐。君子以慎言语，节饮食。"意思是说：当山下响起雷声时，就表示养育万物的季节开始了，故卦以颐命名。君子应该学习这种精神，首先从慎言语、节饮食做起。

慎言语或者防止祸从口出，在政治层面上表现为避免一种可怕的责任，即一言丧邦的后果；在个人层面，它成为纯粹的技术性规避措施，进而发展成自虐狂式的自我箝禁。最突出的例子就是语录体箴言的发展。语录体箴言源于宋、盛于明清，至民国初而不绝。

从马援到曾国藩的1800年间，凡想成大事且终究成大事的体制内高官，必须把"慎言"当成一个必要条件，否则不仅成不了事还会危及身家性命。于是乎，在以官为本位的社会里，想经由读书而做官就必先学会怎么说话，于是成了事的高官的言行准则便成了崇拜物件。曾国藩自蒋介石时代以来就被推崇，也是自然之事。与马援相比，他的大环境更艰难。马援为一个处于上升时期的王朝效力，即便有些闪失，也终能周全；而曾国藩是为一个处于衰败期的王朝服务，倘使发生闪失，那他（及其家族）或许永远没有自辩的机会了！因此他必须如履薄冰地行事，绝对不敢有马援不答梁松之礼的举措。曾国藩的谨慎几乎是处于忧郁症状态，无须自白处也得自白，于是有了他成批的家书。

咸丰八年（1858年）正是湘军事业如日中天之际。过去的两年中曾国藩的部将胡林翼从太平军手中夺回武昌、汉阳，合围了九江，且即将攻克。此时，曾国藩的九弟曾国荃趾高气扬，曾国藩在三月内连续两次写信给九弟，力说长傲、多言为"凶德致败"之二端，他于三月初六的信中写道（今译）：

自古以来，因不好的品德招致败坏的有两个方面：一是长傲，一是多言。尧帝的儿子丹朱有狂傲与好争论的毛病，此两项归为多言失德。历代名公高官，败家丢命，也多因这两条。我一生比较固执，很高傲，虽不是很多言，但笔下语言也有好争论的倾向。

沅弟你处世恭谨，还算稳妥，但温弟却喜谈笑讥讽，听说他在县城时曾随意嘲讽事物，有责怪别人办事不力的意思，应迅速改变过来。

曾国藩生怕曾国荃忘了此二戒，在三月十三日的信中又提到力戒长傲、多言。在不了解他性格的人看来，他似有唠叨之嫌，不了解衰败王朝大环境的人也会讥议他虑事太细。然而，这忧郁症般的表达，确实是一种自保的技术性措施。

到了清末民初，这种自虐钳制又演化成技术性表达意向。总结此前语录箴言的一本选粹格言集叫《增广贤文》，该书风行全球，以致有"读了《增广》会说话"的美誉。

该书提供的种种生活准则中，很重要的一条仍是"慎言语"原则，如"群居防口，独坐防心"，提醒人们不要在公众场合发言，即便发言也要措辞谨慎；对公众议论的评价作用也持否定态度，称之为"谁人背后无人说，哪个人前不说人"；又如"静坐常思己过，闲谈莫论人非"等不关心外界的原则。

这些经典性教训终于导致了中国社会的"原子化"生存状态，貌似统一且强大的政府再也不具备有效的动员机制，所以整个民族的历史上也就出现了非常奇特的景观：人数很少的小国可以投入较少的兵力，进攻一个所谓的泱泱大国，而且取得实效。

历观中国近代之败，非败于技术实力，而败于言禁。言禁则人各自保，人各自保则无公义之心，无公义之心则外人入室如入空壳。

曾国藩不仅要从马援那里学习成功的例子，也要举尧之子丹朱长傲、多言失败的远古例子。在他的分析意义中，激烈政治斗争中的个人沉浮与言论的关系始终是政治经验的重要来源。

在此意义上，曾国藩也变成了政治符号或复数化的群体，这个群体注重分析以往个案，以防止自己重蹈覆辙。

时下社会，人与人之间竞争激烈，关系趋于复杂多样化，传统社会为人们依托所维系的道德习惯、行为标准都受到了极大的冲击。法制的不完备，又增长了现实中的欺诈和权力场的角力，人们的安全需求得不到妥切的保证。一时人们感慨人情冷暖、世态炎凉，甚至一般人根本就不相信道德的存在，研究曾国藩也都偏向于用权机诈。

事实上，如果我们真正沉下心去体会一下就会发现，曾国藩之所以被后世人推崇，绝对不是他的心机深沉，而是其道德修为和在此等道德修为下成就的俗世功名。在传统意义上，越是盛世越是道德高尚，而越是乱世，越是风气低落；更主要的，在历史上，一般道德高尚者大多鲜于事功，而曾国藩刚好相反，"道德、文章、事功"都比较完满，甚至被誉为"末世完人"，他无疑为后世人立了一个榜样。其个人修养以及经世致用哲学才开始被后辈群起仿效，特别是其身后清政府陷入了深重的政治社会危机，不仅危及统治，还危及文化传统，而在这些复杂而又多变的挑战中，曾国藩无疑又树立了文化传统的榜样寄托。

曾国藩作为士大夫，是按部就班地走完了自己的学问之路，但他所处的社会环境属于大变前期的动荡阶段，从他留下来的日记中到处可见"不为圣贤，即为禽兽"的励志条目，就可以窥见当时社会变迁对传统的个人修为所带来冲突的激烈程度。从曾国藩与其朋友往来的书札中可以看见其对自己约束的严厉，不跟恶质社会跑，同时朋友间互相勉励，不怕难、不偷巧，从自己做起，立个标准，扩充下去，渐次声应气求，久而久之便形成一种风气。到时局不可收拾的时候，曾国藩以及他的幕僚兼好友胡林翼、江忠源、罗泽南等一帮读书人就转而"躬自入局、荷道以躬"，承担起"中兴"大业，并成功了。

　　曾国藩在今天的真正意义应该是启示个人既要适应社会，但更要信守自己的原则；既能在时务上纵横捭阖，又能在道德上立得住脚。现在的社会风气不是太好，但是我们一般都是进行制度上的要求，好像坏的都是他人，而自己是受害者，更没有反省自己是不是也"随其流而扬其波，哺其糟而啜其醴"呢？要改造社会风气，就必须先从个人做起，把自己的道德修为做好，最低限度不能有心害人或者主动参与其间。绝对不是像一些书籍明目张胆地那样教育如何狡诈，如何厚黑，这样的话社会风气只会越来越糟糕，越来越难于收拾，到最后每个人都会深受其害。

　　在此，我们并不是要做一个道德鼓吹者，更不主张用道德去衡量一切，但是道德对于社会又不可或缺，道德和社会风气的维系需要制度与个人努力的双向合一，而且个人的道德追求在任何时候都会有其一定的社会积极意义。目前这些书籍为了迎合大众口味而对曾国藩如此曲解，抛开其个人的修为努力而津津于其晚年已经有所醒悟的阴谋权变，如果曾国藩本人地下有知，恐怕也会大呼冤枉的。

张之洞被误解的"中体西用"

　　提到"中体西用"，不得不联想到张之洞以及他的《劝学篇》。张之洞所津津乐道的"中体西用"，不仅不像许多人说的那样"保守"，反而在学习西方的路上迈出了新的一步。今人视张之洞为"守旧"派，实是对张之洞的莫大误解。

　　"中学为体，西学为用"是19世纪90年代以来中国思想界的流行语。如梁启超所言，此语虽是"张之洞最乐道之"，但已形成"举国以为至言"的局面。换言之，"中体西用"基本已成时人共识，说是晚清中国思想的主流也不为过。不过，"中体西用"恐怕也是最被后人误读的近代核心表述之一，而且有些误读从当时就开始了。同样，在其名著《劝学篇》中整合诸家之说，将"中体西用"表述得最有系统的张之洞及其用心所在，迄今仍被许多人所误解。

　　过去讲到"中学为体，西学为用"时，在中国人心目中没有"西学"及其"体用"这一参照系的存在，也无所谓"中学"与对应的"中学"之"体用"问题；如果没有被迫或主动学习西方即"西学为用"的时代需要，"中学为体"恐怕根本就不会成为士人所考虑的问题。一言以蔽之，在晚清士人的"中体西用"这一体系框架的表述之中，"中体"的确置于"西用"之前，唯从其产生的历史看，"中体"实在"西用"之后。

　　从实质言，"中学为体，西学为用"是晚清士人在近代西潮冲击下逐步形成的一种变革性共识，即中国传统的政教模式已不适应当时的局势，必须有所改变，有所革新；而既存思想或知识资源又不足以应当下的变局，故变革的一个主要内容就是学习西方。

如果按近代资产阶级启蒙思想家严复所说"中学有中学之体用，西学有西学之体用"，这样的"西政"到底是"西学"的"体"还是"用"？不少人可能会认为更接近"西学"之"体"，这或是大量晚清人迟迟不肯迈出从接受"西艺"到学习"西政"这一步的关键。然而，时人言用则必及西，已暗示"中学"至少在当下并无多大用处，至少传统的经世致用思想在一定程度上可以说已经"失传"。张之洞及其同时代人可以引为依据的思想资源，其实有限。

故张之洞承认，"今欲强中国、存中学，则不得不讲西学"。不仅国家的强盛，就是"中学"的保存也不能不靠讲求"西学"。似乎引进"西学"，还能在文化层面发挥恢复中国"经世"传统的功用。正像孙家鼐所说："中学有未备者，以西学补之；中学有失传者，以西学还之。"由此看来，"中体西用"此一取向虽重在"西学为用"，但与维护纲常名教不仅无冲突矛盾，反有补救之功。

不过，"中学"既以致用为要，"西学"复以西政为要，则"中体西用"这一体系之中的"中体"其实已被"西用"挖了墙脚。张氏等所欲维护坚持的，也就只是中国文化的基本价值观念而已。其余一切，大多可不同程度地"西化"。《劝学篇》曾说："世运之明晦，人才之盛衰，其表在政，其里在学。"必依此传统思路，才可以理解晚清士人在自认"中学"无用之余，从"弃卒保车"的引进"西艺"退到"弃车保帅"的学习"西政"那种踌躇反复而"不得不如是之苦心孤诣"。

由此可知，"中体西用"取向不仅不像许多人说的那样"保守"，反而在学西方的路上迈出了新的一大步。但这里还有一个具体的冲突：国家局势的危迫似已呈现出时不我待之势，为"强中国存中学"，讲求"西学"已成新教育的主流；而不论可致"富强"的"西学"，还是渐呈"无用"的"中学"，均以"繁难"著称。学子的精力本是个常数，在规定时间内实难兼顾中西两学。如张之洞所言"不讲新学则势不行，兼讲旧学则力不给"。

那么，怎样在制度上和方法上具体落实"中体西用"？如何在主要讲求"西学"的同时保存"中士"之认同？在这样的窘境下，正是张之洞本人提出了一种后来日渐流行的"守约"之法，即在课时上保障"西学"为主的同时，以"损之又损"的方式削减"中学"课程内容，以存其学。用今日的话说，就是"以简化的方式保存传统"。

这是一种相当富于想象力且具颠覆性质的主张，盖其所谓"守约"是从"破除门面始"，实即重新规划整合"中学"的门类。整理后的"中学"已非旧态，实际需要读书的数量极少。最具革命性的是，若觉这些已大大简约的书仍太多，"则先读《近思录》《东塾读书记》《御批通鉴辑览》《文献通考详节》。果能熟此四书，于中学亦有主宰矣"。

在废科举之前，读书量已"损之又损"到这样的程度，仍算是维持了"中学为体"，宁非石破天惊之论！且此新"四书"中实无一经，"中学"里最基本的经学已被全数束之高阁。只要将张之洞建议清末一般学子所读之书与民初胡适为"出国留学生"所开的近万卷"最低限度国学书目"做一对比，就可知张氏"守约"之法的革命性有多强。

具有如此突破见解的张之洞一向被视为守旧、落后的代表。多因《劝学篇》在戊戌维新时为帝后双方所共同欣赏，而张氏在政变后不仅未吃亏，反得重用，其书也为朝廷赞助而大力推行。后人常说张善逢迎，大约不差，但又说其急印《劝学篇》以图免祸，则恐未必。《劝学篇》刊于《湘报》时，距政变尚早，彼时光绪帝方汲汲于改革，后之结果尚难逆料；且张氏本支持维新，《劝学篇》之意旨恰在从学理层面维护新政，哪里有什么预谋退路的远见？

从真守旧者的眼光看，《劝学篇》颇有可议之处，戊戌当年已有人上奏指出："近年来，嗜西学者恐专言西学之难逃指斥也，因诡言中学为体，西学为用；中学为本，西学为末；以中学兼通西学者，乃为全才；此欺人之谈也。"而新创各学堂"类皆以中学饰为外观，掩人耳目，而专致志惟在传布西学；以洋人为宗主，恃洋人为护符。"可知真守旧派已看破张之洞真意，其所攻也早已直指张氏本人。

"中体西用"牵涉到中西文化体系究竟是否可分的问题。晚清许多中国士人都倾向于文化体系是可分的，故采纳异类文化之成分以重组自身文化至少是可能的。"中学为体，西学为用"正是这一观念的典型表达，希望达到一种主要讲求"西学"而又保存中国认同的理想境界，使士人也可以广泛接受西方学理而不觉于心不安。

但当时号称最谙"西学"的翻译大家严复却认为中西各有体用，"分之则并立，合之则两亡"。那时他已接近推行全盘西化的主张了，但其心中犹暗自希望西化若不成，还可退而得到将中西两学"合一炉而冶之"的实际结果。

晚年严复仍秉持原有观念，但在应用层面上，则有根本的转变。他认识到从前融合中西的愿望已成"虚言"，继续下去"终至于两亡"，故在民初主政北大时，拟将当时尚存的经文两科合并为一，"尽从吾旧，而勿杂以新"，通过完全讲治旧学来"保持吾国四五千年圣圣相传之纲纪、彝伦、道德、文章于不坠"。

但在一些人眼里，严复掌校时北大校风又以尊西趋新为表征，蔡元培的印象便是当时"百事务新，大有完全弃旧之概"。可以说，严复早年的文化整体论与西人要么拒斥、要么接受的整体论有区别，他希望文化不可分却可合，在实践层面与"中体西用"观以文化可分论来寻求中西文化的会接还是相通的。但其到晚年则接受了西人的整体观念：既然文化不可分也不可合，中西结合之路走不通，就只有一面回头维系自身文化，一面让西学也尽从其西。

许多论者引用严复"尽从吾旧"的主张以证其晚年"保守"，却对北大校园里竞相"说西话"的现象视而不见，其实这最能反映他中西各有"体用"且"分之则并立"的基本观念，这看上去的"保守"实是严复个人的进一步西化。

后来许多新文化人也认为中西文化俱为整体，但态度更激烈。梁启超观察到，辛亥革命后，时人因"所希望的件件都落空，渐渐有点废然思返，觉得社会文化是整套的，要拿旧心理运用新制度，决计不可能"。鲁迅即引用当时的新权威易卜生所说的"全部或全无"来表述中西的整体性对立。他指责"中体西用"观是想"学了外国本领，保存中国旧习"，然而"世界上绝没有这样如意的事"。

有意思的是，"上午'声光化电'，下午'子曰诗云'"的现象，在鲁迅看来表现出"折中"中西的徒劳，却正是严复试图在北大"区分"中西的努力！

以近日文化人类学的一种观点，"文化"和国家、民族、阶级等过去几乎被视为"天然"之物相类，不过都是人的构建物。由这意思看，套用晚清人惯用的表述方式：我自能造，亦自能改，原无所谓文化是否可分的问题。

不过这是近些年的新见，当年的中西人士不仅很少具有这类见解，恐怕反多分享着此类后出观念所欲破除之成见。君不见那些接受此类观念的新学人，也常常有意无意使用诸如"文化建构"一类语汇，说明其仍将"文化"视为某种具有规定性的概念，可用来界定其他"人的构建物"。借用一句文化批评人的套语："文化"这一人的构建物在被构建出来以后，即获得"脱离母体的独立生命"了！

对《劝学篇》当年同时得到帝、后两党的青睐，阮雁鸣曾提出一种新说。他以为，张之洞"提出之中体西用论，含义广泛，立论模棱。其对'何者为体？何者为用？体与用之界说何在？体用之间的关系何如？'等问题，并无明确申说；此期间，留下不少回旋伸缩余地，让朝廷人士来做官式的诠解，自圆其说，借此掩护满清帝制"。

此似不无所见，但帝制对当年的朝廷乃是天经地义，绝不会想到还需要有所"掩护"！而自负的张之洞更未必同意，他当然会认为自己对体用的"申说"再清楚不过。而阮氏以为"不明确"者，或更多提示出后之解读者所"希望看到"的"界说"已大不同了。

治史者若按自己"希望看到"的见解来提问，多难免"六经注我"。那些视张为"保守"的研究者，竟然对前引徐桐等时人言说视而不见，值得反思。同样，对19世纪乃至大半个20世纪的中西士人来说，"文化"的确具有某种不证自明的意味，而且他们也确实在思考文化的分、合问题。若依据"文化不过是人的构建物"这类新观点来提问和解答，我们处理的其实更多是"我们的问题"。

恐怕要先确立并尊重往昔以及昔人的"他人"性，像陈寅恪建议的那样"以观空者而观时"，循"以他观他"的认识取向，"返其旧心"，尽可能"不改原有之字，仍用习见之义"，才能提出并处理昔人当时思考的"他们的问题"。如是，尽管"文章千古事"，或能"得失寸心知"。

第三章
被冷藏的真相

中国的史学自《春秋》和《史记》得以确立以来，以后的文人纷纷效仿，正史的传统就此形成。然而，史书的编撰亦因此不再纯粹，丧失了旧有的史学精神，史学家们亦多了一个身份，一转而成了统治者撰写历史的工具，由此使得一些史书典籍文过饰非、颠倒黑白，还有一些反映历史真相的史料被冷藏、被阉割、被歪曲。人们对历史的误读就此开始，传统的历史意识不再健全。明明是谬种流传、贻误后人，却被当做权威经典。在流传至今的浩渺史书中，究竟有多少历史真相被隐藏了？又有多少是非黑白被颠倒混淆呢？请走进"被冷藏的真相"看个究竟！

"禅让" 背后的秘密

　　传说，尧、舜、禹三圣王以"禅让"立德于天下。一
向为中国历代士人所传唱，虽不能至，而心向往之。其实
不然，中国四千年"家天下"正由此而生也。

　　"禅让"在儒家经典和正史中都被美化为正统德政的
象征。其实，"禅让"真的就如同天鹅绒那么纯洁美好吗？
不然！历史真的是很残酷——禅让其实是一个谎言：禅让
在儒家的字典里代表着上古圣贤政治，在仲尼门徒一厢情
愿的梦想中，禅让是儒家道统战胜政统的标志。天下唯有
德者居之，执掌政权的领袖同时也应该是道德的完人。这
就是所谓的圣人治国。按照这个逻辑，尧舜禹汤文武周公
都是圣人治国的标志性人物，只是在"礼崩乐坏"的春秋
以后，这种政道合一的政治模式才被破坏。孔子只是"素
王"，虽然自命为圣贤政治的不二传人，数度周游列国，
但始终与政权无缘，且屡屡厄于野人，空剩下"道不行，
乘桴浮于海"的无奈。而控制政权的王霸却免不了道德权
威的缺憾，在他们的视角里，天下唯有力者居之，夺取天
下和保全天下，需要的只是富国强兵；至于仁义道德，那
是装点殿廷、遮掩霸气的一种文饰，最多也只是包裹尔虞
我诈、纵横捭阖的一层糖衣。

　　这是儒家士子永远的遗憾。自孔子始，历代儒家领袖
都在为恢复上古圣贤政治而努力。不过他们不再奢望圣人
能执掌政权，他们只是希望执掌政权的领袖能成为圣人，
也就是所谓"致君尧舜"。但众多儒家士子永远也不知道，
恐怕也永远不想知道，这个上古政治春梦，真的存在过

吗？它也许只是孔子夜梦周公醒了后的模糊记忆？如果只是因为这一点美丽的残梦，而用数千年的光阴来反复试验，那代价简直就是不堪回首。可是，历史竟真的是那么残酷。

最早对尧舜禅让提出质疑的是魏文帝曹丕，他在接受汉献帝"禅让"后脱口而出了一句话："舜禹受禅，我今方知。"在政出于曹氏的现实面前，当了多年政治傀儡的汉献帝，再也无法与没有道德包袱的曹丕并立于世了。曹丕以己心度舜禹之腹，一下子就击碎了尧舜禅让的美丽政治神话。

一部有别于正统的异类史书《竹书纪年》也支持这种说法："昔尧德衰，为舜所囚。舜囚尧，复偃塞丹朱，使不与父相见也。"

直说就是，舜发动政变，囚禁了帝尧和太子丹朱，夺取了帝位。舜一上台就进行政治肃反，迅速铲除忠于帝尧的政治势力。通过《尚书》，我们依稀还看到这之中的残酷和恐怖："尧使舜嗣位，正月上日，受终于文祖，流共工于幽州，放欢兜于崇山，窜三苗于三危，殛鲧于羽山，四罪而天下服。"在演了受禅的一出戏之后，舜就迫不及待地诛杀了忠于帝尧的前朝重臣，用杀鸡儆猴的策略，来警告任何敢质疑其权力合法性的异见人士。也只是在这种屠杀的恐怖之下，天下人才被威服。《尚书》的意思很明显："四罪而天下服"。试想：如果不采取这种非常而坚决的手段，如果不放弃妇人之仁，也就是说，不对帝尧的"四大护法"下重手，则天下是不能服的。

我们都知道，舜起自田间，躬耕历山。一个乡下的穷孩子，在和平年代又怎么能有那样大的造化呢？从一个普通村民，数十年间竟能先娶帝尧二女，成为朝廷重臣，再为摄政王，最后践天子位。这不能不说是个异数，也不能说舜没有过人之处和独得之秘。

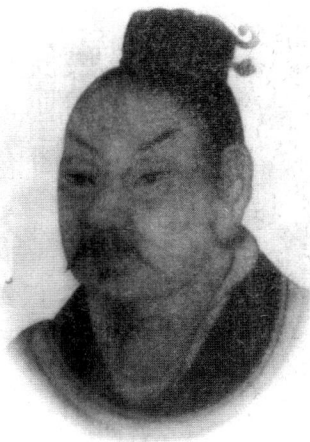

　　舜的独得之秘就是他的作秀工夫一流。舜所以被帝尧征辟用事，就在于他在德行和才能上都获得了非同一般的社会声誉。他在隐逸、孝行和才能上都下了一番工夫。他首先在孝上着力，不过这也得力于他全家的配合，他们甘愿当负面的配角，为了舜的政治崛起，落下千古恶名。如果这一切都是真的，那舜的"军功章"上怎么也有他父母和弟弟的一半。史载舜的"父顽母嚚弟傲"，他的父亲、继母和异母弟为了杀害他，费尽了手段。这里有些让人不明不白，舜家并没有多少财产，舜在家庭里面的对手为什么屡屡要对他赶尽杀绝？甚至更不可思议、不合情理的是，在舜已经做了帝尧的女婿之后，他的家人还在继续对他进行种种谋杀活动，在舜修谷仓时火烧谷仓，在舜穿井时落井下石，种种都志在杀之而后快。虽说有后妈就有后爸，但舜的父亲也未免太冷酷无情。要说杀舜是他弟弟象为了独得家产，但在舜贵为驸马后，对于自私的象来说，攀附哥哥比杀害哥哥更能获得利益。儒家的史书对此有一个解释：象在这时候之所以还企图谋杀舜，是为了兄终弟及，继承舜的琴和两个如花似玉的公主嫂子，自己做帝尧的驸马。这种说法很牵强，因为杀害驸马的政治风险太大了。试想，舜的非正常死亡，最大的犯罪嫌疑人只能是象母子，因为之前他们就有种种对舜不善的恶名传于外。象难道不明白，骄傲的两位公主会跟杀夫仇人结婚吗？她们会放过杀夫之人吗？以人心度人心，无论君子还是小人，规避危险是一样的。因此，正史关于舜与其家人的恩怨，不是执掌政权的舜的创作，就是他们合演的双簧。

　　但创作也好，双簧也罢，反正舜通过它获得了孝子的美名，这才是最终目的。有了孝子美名后，舜就在历山地面上轰轰烈烈地演绎起他的德与能。他与老百姓打成一片，以致他到哪里，老百姓就跟到哪里；别人解决不了的问题，舜一到就迎刃而解；老百姓发生纠纷，也都找他仲裁，他一裁还没有不服的。当然，这也都是后来舜的御用历史学家所言。总之，他的名字很快穿越历山，上达天听，于是就被朝廷征辟，入朝用事。

舜到了帝尧的朝廷，很快得到帝尧的欢心。帝尧末年，灾害频仍，"汤汤洪水滔天，浩浩怀山襄陵"。共工、鲧、欢兜等一干名臣此时都在朝用事，这些人都是舜的前辈，舜想有所为，不能越过他们。但他们都没有舜的一个有利条件——舜是驸马，是帝尧在丹朱之外最信得过的人。也许就是因为这份相信，尧晚年不问政事，沉迷修道，对舜的奏请一概是圈阅同意。在舜用事 20 年之后，朝廷早已物是人非，昔日英华未经秋而凋落，舜之羽翼已成。政出于舜而不在尧，帝尧大权旁落后终被幽禁深宫，太子丹朱也被另处囚禁。但老奸巨猾的舜并没有马上取代尧，他只是摄天子政，在做了 8 年摄政王之后才惺惺作态一番，假意归政丹朱，但据说由于老百姓不同意，他才勉强地登上帝位。

关于舜归政丹朱的作秀，司马迁这样写道："舜让辟丹朱于南河之南，诸侯朝觐者不之丹朱而之舜，狱讼者不之丹朱而之舜，讴歌者不讴歌丹朱而讴歌舜。舜曰：'天也。'夫而后之中国践天子位。"

试比较一下，一个是当政近 30 年，又是当今摄政王，满朝文武几乎尽出于他栽培；一个虽然是太子，却早被政敌加上了不贤之名，并被幽囚多年。一个无羽翼、赤手空拳的太子又怎么能与积威积权的摄政王抗衡呢？只要脑子没进水，没有人会不朝舜而朝丹朱的。舜的摄天子政，在数千年后还有王莽的居摄和假皇帝相媲美。有趣的是，舜假惺惺地叹气："天意如此！"王莽后来废汉时也有样学样地说是迫于"皇天威命"。不管是不是王莽东施效颦，但起码王莽看清楚了尧舜禅让的实质。从来唯大英雄能识英雄，也唯大奸雄能识奸雄。后文要说的王莽、曹丕、司马炎、刘裕等，都是舜数千年后的私淑弟子和知音。

这种政治权谋就怕有了开头，坏的先例一开，就免不了多米诺骨牌效应。舜费尽心机地登上天子位，却也同时坐上了政治火山。帝尧留下的烂摊子要他去收拾，天下虽然一时被他恐吓住了，但他接收的只是个泽国，洪水泛滥经年，人民几为鱼鳖。要想真正坐稳天下，当务之急是把水治好，只有先治服了水，才能真正让人心服。没办法，舜只得起用出于治水世家的禹。在此之前，舜杀了禹的父亲——治水的鲧。杀人父用人子，舜难道不知道，杀父之仇不共戴天吗？可是除了禹，没有人有能力治水，舜不得不控制性地使用禹。禹后来治水时"三过家门而不入"，除了表明他敬业外，也许更主要的原因还是不想让帝舜抓住他一丝一毫的缺失。如果他治水过程中过家门而入的话，帝舜完全可以因此下诏斥责他"疏于职守""为家忘国"，甚至扣上更严重的政治帽子：罔顾圣恩，不体朝廷拳拳爱民之心，为儿女私情而忘君臣大义。大禹后来以俭朴著称，恐怕也与他所处的百般猜忌的政治环境有莫大关联。

对于大禹来说，怀揣血海深仇，在仇敌手下讨生活，只能如临深渊，如履薄冰。后来的汉光武帝刘秀颇得大禹遗风，当他哥哥被所谓的更始帝刘玄杀害后，刘秀没有逞匹夫之勇，而是继续面不改色地效忠于刘玄，终成大业。大禹的行事低调，使得他在极具心机的帝舜手下没有出什么差错。也许是人算不如天算，怀揣原罪的大禹后来竟因为治水这件苦行而最终夺得天下，并顺利传位于子而成就了夏朝的帝业。

当大禹奉诏治水时，洪水已经成了国家的心腹之患，治水也自然成为国家压倒一切的任务。整个国家都被动员起来，所有的衙门、所有的资源和所有的人都要为治水让路。在此过程之中，国家的权力中心无形中就与治水指挥部重合起来。国家的生杀予夺，人事上的升迁进退，都可以凭对治水的态度"一票否决"。这在帝舜是不得已而为之，但在大禹来说，却是个天予的莫大机会。最终，大

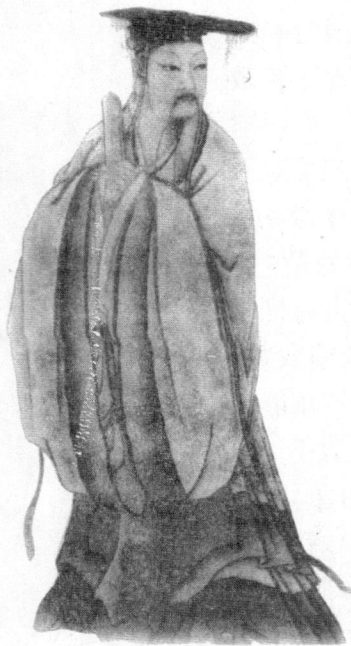

禹疏通九河，引江入海，建下旷世之勋，取得了这一德被万民的震主之功，更主要的是在治水过程中无形中控制了整个国家机器，掌管了整个国家的人财物，大禹的光芒盖过了帝舜。在伯益等部将的拥戴之下，禹受舜禅也就顺理成章了。

在此又简单地重复了一下历史。禹受舜禅，也照抄帝舜当年的旧作："禹辞辟舜之子商均于阳城，天下诸侯皆去商均而朝禹，禹于是遂即天子位。"

不过大禹不像舜当年那么做作，没有说什么天命不天命的。虽然也是"辞辟"了一番，那也是形式上的需要。大禹虽然也是逼退了帝舜，强行当上天子，但同帝舜全靠沽卖孝名来获取政治资本相比，毕竟建立了惠泽苍生的不世奇功。其践天子位，也算实至名归，人心所向。

起自田土的帝舜，终被玩水的人所取代，最后去南方巡狩，崩于苍梧之野，就地为陵。可怜一个苦孩子出身的退位天子，演了一辈子的戏，到最后收场时，只有娥皇、女英双美哭陵。也许这所谓的巡狩就透着蹊跷：一个被迫退位的前天子还南巡什么？何况那时所谓的南方可不能与现今的烟柳繁华、温柔富贵的南方相比，那个听起来就恐怖的蛮荒瘴厉之地原是最好的流放地。舜之所谓南狩，恐怕只是政治流放的代名词。不然，他的两位遗孀怎么哭得那样伤心，以至血溅青竹，洒泪成斑，最后殒为湘妃，魂绕九嶷。帝尧二女一辈子荣华富贵，父亲和丈夫先后贵为天子，晚年却迭遭政治打压，最后竟然还蒙尘南荒，怀着不尽的愤懑而去。其情其景真正是"人何以堪"！

不过自帝舜始，禅让也形成了一个规矩：受禅天子也不逼人太甚，还保留了退位天子及其继承人部分特权，允许他们以客礼见天子，皆有疆土，以奉先祀。正如曹丕废汉献帝为山阳公，仍允刘协在封地奉汉正朔，并言："天下之珍，我与山阳共之。"但实际上，他们彼此都从内心不想见到对方，一个怀着道德上的愧疚，一个受不了君臣易位的尴尬，所以是以君臣之礼相见还是以客礼相见，从一开始就是不会成为现实的事。退位君主虽然保有封地，其实就是被监视居住，被软禁在封地。到此之时，即便继续享有天下之珍，又同嚼蜡何异？

从舜禹受禅的被历史神化，我们就该明白什么是神话，什么是谎言，明白为什么谎言被一再重复后，就成了绝对真理和不可颠覆的神话。中国历史上"禅让制"的光彩，不过是后人为三代圣王扯起的一块遮羞布！我们为民族被谎言与假象蒙蔽了四千多年的历史感到无比悲哀，并深为世人和后来者仍然被蒙在其中感到无比愤怒！

孔子中庸思想的现代误读

　　在中华五千年的文明史中，对华夏民族性格影响最深的人当属孔子，这是毋庸置疑的。孔子是教育家、思想家，同时也算得上政治家，因此，他的影响是多方面的。教育方面自不必说，至今仍有地方在小孩初入学堂时就要拜孔子。而他的教育方法、教育态度也早已沉淀在了后人的血液里；政治方面，孔子的政治言论成为中华民族政治人格的理想标准；思想方面，实际上也是最重要的一个方面，孔子的人生态度论述、做人格言以及对学习的论述甚至成为中国的宗教——儒教，而且这种影响已经超越了国界，如今的日本、韩国、越南等国都有儒教影响的痕迹，有些方面还甚于中国。

　　在孔子的思想影响中，对后世影响最大的要数"中庸思想"。在每个人的成长过程中，我们都或多或少地发现了自己骨子里的一点中庸之道，我们为之高兴，也曾为之痛苦，同时也发现了周围的人身上同样有我们的"特点"，而且我们还不时地听到有人坦然地表示他讨厌中庸，讨厌中庸的人认为那种人不偏不倚——实际上就是个明哲保身的不倒翁。可以说，历来的思想从来没有哪一种受到过这样全民自发的深入关注，中庸思想做到了。

　　上面已经说过，中庸思想在日常生活中，已经主要成为一种被讨厌、被批判的对象；大多数中国人一方面发现自己身上、周围的同胞身上都充满了这种做人处世之道，一方面又把它和"不偏不倚的不倒翁""和事老"等庸俗的形象联系在一起，这不能不说是中庸思想的一种现代误读。

中庸一词，始见于《论语》，曰："子曰，中庸之为德也，其至矣乎，民鲜久已。""中庸之德"就是中庸思想的发端之说，也是中庸思想的核心。那么，何谓"中庸之德"呢？孔子曾经说过"过犹不及"，"过"与"不及"，他认为都有所偏颇而非中道，所以反对"过"与"不及"，而主张"执其两端，用其中于民"。可见，"过犹不及"其实就是"中庸之德"的一种更浅近易懂的说法。

中庸思想源于孔子，在他的孙子子思那里得到了极大发展，其标志就是中庸思想的集大成之作《中庸》。在《中庸》之中，我们也可以找到"中庸之德"的更详细的注解。《中庸》载子路问强一章：子曰："南方之强与，北方之强与？抑而强与？宽柔以教，不报无道，南方之强也，君子居之；衽金革，死而不厌，北方之强也，而强者居之。故君子和而不流，强哉矫！中立而不倚，强哉矫！国有道，不变塞焉，强哉矫！国无道，至死不变，强哉矫！"

"宽柔以教，不报无道"是道教老子的主张，孔子名之为"南方之强也"；"衽金革，死而不厌"被孔子命为"北方之强也"。但是孔子认为南方之强太宽厚软弱，是为"不及"，北方之强又太刚强激进，是为"过"，都不符合"中庸之德"——"和而不流，中立而不倚，国有道，不变塞焉，国无道，至死不变。"

在这里，可以看到，中庸思想即中庸之德不仅是"不偏不倚"，更重要的是它还是特立独行、"和而不流"的，这与我们平常听到的"不倒翁""和事老"之流相隔何止万里呢？

其实，不用看那么多的注解，回到孔子最原始的论述中，我们就能找到中庸思想被误读的迹象。"子曰，中庸之为德也，其至矣乎，民鲜久已。"孔子认为，中庸思想（即中庸之德）"至矣"，而且"民鲜久已"，这种思想是很少有人能做到的，又岂会如我们现代人所想的人人皆如此呢？

现在再让我们来分析一下现代人的误读在哪里。

在这里，所谓的"中庸思想"是最庸俗的。我们试举例为证：譬如路边甲、乙二人争吵甚至扭打了起来，丙恰恰经过且是认识，于是很自然的，这丙就要上前劝导一番了。诸君看到的劝架都是什么样的？无非是"甲有不对，乙亦非全是，看在我的分儿上，且了了吧！"云云；又譬如Ａ、Ｂ讨论问题，请Ｃ君做一论断，于是，这Ｃ君便要倍感荣幸地说道"Ａ有道理、Ｂ也有见解"等，总之是谁都不会得罪的。

试看上面两例，一例中，丙绝口不提争吵的是非对错，二例中的Ｃ君干脆就称两位都对了，他们何曾有什么判断，何曾有什么选择，他们的出发点又是什么呢？他们的真正目的又是什么呢？我们知道，"中庸思想"追求的宗旨是"中立而不倚、和而不流"，它选择了一个基本的立场，在立场受到肯定时它会"国有道，不变塞焉"，在立场被否定时，它是"国无道，至死不变"，它的出发点是善的，它坚持一个善的信念；再看看实例中的两位，没有判断，没有选择，他们的出发点是自己的身份形象、自己的利益，他们的真正目的是讨好双方、讨得人情，他们没有事理、没有信念、没有理想，只有自己的利益，一切从自己的利益出发。试问，这样的行为折射出的思想还不是极端功利、极端庸俗吗？

说得彻底一点，孔子的"中庸思想"是向善的，是大善，是持最透彻、最无私、最公正的观点为人处世，并能为了他的信念"至死不变"；而现代人观念里的中庸主义者是向着利益的，是自私，是恶，是持最清楚、最功利、最利己的观念为人处世，为了一己的利益，他们不分黑白，不辨是非，只知道"今天天气哼哼哈哈，你们说得都对啊！"两者"公私分明"，根本扯不到一块去的，却被一个词语"中庸"拴在一起。人们常说词语使事物分门别类，看来有时候倒刚好相反。

说到误读，其实这又是最常见的，一些人带着盲目与狂热的自信去误读我们的历史、误读政治；不单我们，世界各国都有误读的状况，譬如英国人对莎士比亚的误读，俄国人对陀思妥耶夫斯基的误读，希腊人对柏拉图的误读等。

所谓"拿来主义"，实在应该先做好了解的工作，否则，半懂不懂的，或是一点都不懂，拿来了又能怎样呢？中庸思想是好东西，可是我们不懂孔子到底是怎么说的，就拿为己用了，这是孔子的不幸，也是我们自己的悲哀。

其实，后人对孔子的误读，并不是没有人意识到。自明以来，反理学者皆以为程朱曲解孔孟，故颜元云："须破一分程朱，方入一分孔孟。"戴震则说："宋以来，孔孟之书尽失其解。"他还责问塾师说："朱文公与孔子相距两千年，何以知其然？"塾师无以应。甚至这种思潮在文学作品中都有反映：《红楼梦》里贾宝玉的一句名言便是"除四书外，杜撰的太多"。可惜明末清初的这种思潮并没有让世人对孔子有更清晰理智的认识，反倒是"五四"时代，新文化运动抓住了被后世误读而推向极致的封建礼教的儒家辫子，狠狠地把它打翻在地。而 1973 年开始的所谓"批林批孔"运动，使孔子再一次成了政治的牺牲品！

不可否认，现在看来孔子学说里确有不少思想与历史潮流相背离，如政治上复古倾向，对等级、秩序的过分强调以及内敛的人格价值取向等，确实给中国社会的发展带来了负面影响。何况历代统治意识的介入，早已使孔子与《论语》笼罩上层层迷雾。但是在人类文明刚刚露出曙光的先秦时代，在旧秩序分崩离析、人人自危、争权夺利的时代，就能拥有深刻的生命智慧和社会责任感，是不得不让人钦佩的。

我们应该从头脑里抛开被汉、宋、明诸朝腐儒歪曲误读的先圣，更应该抛开 20 世纪以来在外来文明冲击下被打倒在地、背负一身罪状的"孔老二"，用我们自己的眼睛去发现孔子——一个中庸的真诚坦率的自由的仁者、智者。

隋炀帝的千古悲哀

　　隋炀帝是一个因暴虐淫乱而受批评的皇帝的代表，这其中很大的因素是唐代统治者刻意丑化的结果。李渊在太原起兵，占领大兴城后，遥尊在江都行宫的炀帝为太上皇，并拥立他的孙子、留守西京的代王侑为皇帝（恭帝），开始了禅让之步骤。李渊受禅后即皇帝位，建立了唐王朝。为了表明隋唐革命之顺天应人，李渊刻意强调隋炀帝的恶政，同时又标榜自己将复活隋文帝开皇年间的政治，以尽力收揽人心。传统儒家史观本来对亡国之君的评价就是最低的，再加上李渊不断地强调亡国君主隋炀帝的恶政，这样就更表现了取代它的唐王朝的正统性。唐朝第二代皇帝太宗李世民是中国历史上的名君，但在汇集他和他的名臣的政治问答的《贞观政要》一书中，为了烘托太宗的贤明，大量增加了隋炀帝之暴虐形象，而且后来这本书作为"帝王学的课本"被很多人阅读，这一切都决定了历代史学家对隋炀帝的恶评。

　　我们都知道，中国的每一部历史都是由改朝换代的胜利者所组织纂写的，但我们往往忽略了这一个最基本的事实，当然我们也不是对史书的全盘否定，只是我们要有一点怀疑的精神。新王朝为了突出自己的文治武功，不免要对它推翻的王朝曲笔删改，这也在情理

之中，但却给后人留下了众多的疑案和谜案。所以让我们拨开那些苛刻歪曲的评价和戏剧传说的重重迷雾，重新认识隋炀帝杨广的真实面貌。我们会发现杨广即位前最值得津津乐道的一件事便是平陈战役，此战役结束了几百年的南北分裂，实现了中国的再一次统一。这个时候的杨广才19岁，却已经表现出非凡的军事才能和胆识魄力。但是《隋史》对此却讳莫如深甚至曲笔删改，反而说杨广为了得到陈后主的后妃张丽华，劝高炯不要杀她，但高炯不从，始怨恨。然而《陈书》却明确记载杨广命令斩杀张丽华，并把其作为奢淫亡国的典例。从当时的人心向背和杨广的抱负来看，杨广决不会冒天下之大不韪做出荒唐的举动来。他不可能不知道他母亲独孤皇后最痛恨男人娶妾和感情不忠之人，而独孤皇后是隋文帝感情上和事业上不可或缺的人。

《隋史》关于杨广就任扬州总管的9年的业绩基本上不予记载，然而这却是他事业的新起点，是他人生逐渐成熟、性格逐渐完善、独立自主地运用自己的才华施展自己政治抱负的时候。杨广有很深的文化底蕴，史书上说他"妙解音律，擅长作诗"，他正是采取了文化战略，才缓和了重新统一后南方的隔阂与怨恨。他利用佛教和道教来笼络人心，将文化与政治巧妙地结合起来，不但消除了人们的对立情绪，还赢得了士人的好感。文化认知才是最长久、最有效的力量。杨广懂得这一点，说明他的才智非一般人所能及！

在中国古代封建社会"桃色新闻"最容易将人搞臭、搞垮乃至身败名裂，杨广当然也不能幸免于难。史书上说他与宣华夫人、容华夫人有染，违背伦理道德霸占父妾。野史和民间文学更是给他画上了荒淫无度老色鬼的嘴脸。但当我们心平气和地查阅残缺的文献和史料，不难发现，隋炀帝一生只有3个儿子，且始终眷恋他的正妻萧后，没有人能取代她皇后的地位。而一代名君唐太宗却有14个儿子，21个女儿且强娶弟媳为妻，反而无人问津。宫廷事秘，世人难明，就连离我们最近的清朝，像太后下嫁之谜、顺治出家、雍正之死等，到现在我们也未得出统一的看法，更不要说一千多年前的隋朝。所以一些怀有敌意的修史者，正是利用这一点，给隋文帝戴上了一个个"绿帽子"而且一"绿"到底，编出了一幕幕荒唐闹剧。

隋炀帝另一件功泽后世的事迹便是大运河的修筑。可以说大运河奠定了中国一千多年的政治、经济的规模和格局，开万世之利，我到现在还没有找出中国哪一个工程像大运河这样关系国计民生、造福后代。然而史书上却没有列举它的种种好处，却过分渲染工程的劳民伤财。时至今日，在我们的中学历史课本上也只是用"客观上促进了南北经济文化交流"一带而过，这么一个伟大的工程到现在还这样轻描淡写。此外，关于修建东都洛阳，从不考虑当时的战略地位和政治需要，只说隋炀帝为了过奢淫豪华的生活。今天看来，他正是适应了当时中国政治中心东移和经济中心南移的需要。真不知当时的史家和我们今天的历史学家是怎么想的。

隋文帝创立了中国历史中的科举制度，隋炀帝设进士科，完善了科举。科举正式确立，这应该有隋炀帝的一份功劳，它成为从隋唐到明清政府选拔官吏的主要手段，对封建社会产生了极大影响。文化上，他组织修撰了《长洲玉镜》四百卷、《区宇图志》一千二百卷。另外他还规定了藏书以甲乙丙丁为目，分经史子集四类，这就是后来的四部分类法，都是隋炀帝的创举。这些整理保存典籍的措施和古书分类法对中国文化是何等巨大的贡献啊！

单就这些而论，还能认为隋炀帝是一个十恶不赦的暴君吗？要以发展的眼光、正确的历史观看待历史问题。试问什么样的皇帝最值得尊敬？是勇于改革开创先河者，即使他们失败了也应该得到同情而不是贬斥。然而隋炀帝却十分不幸，尽管创立了很多可垂永久的制度，还是成了历史的牺牲品，成为唐王朝取得合法地位的牺牲品，成为唐王朝煌煌盛世的牺牲品。唐王朝为了全面突出自己文治武功的新气象，不免对隋炀帝说三道四。

隋炀帝残暴的统治导致了隋朝的败亡，这是事实，也是隋炀帝身背恶名的重要原因。但将天下之大恶都归于隋炀帝一人身上当然有失公平。况且一个王朝的覆灭取决于各种因素，我们不能忽略也不应该夸大皇帝的因素。明朝那么多荒淫皇帝，万历皇帝二十多年不上朝，而明朝却不亡于他手，偏偏灭在了一个励精图治、想挽狂澜却无力回天的崇祯皇帝手里。

关于隋朝，较为客观地反映这一时期史实的史书是在太宗贞观十年（636 年）编成的《隋书》。书中的《炀帝本纪》对隋炀帝做了如下评价："淫荒无度，法令滋章，教绝四维，刑参五虐，锄诛骨肉，屠剿忠良，受赏者莫见其功，为戮者不知其罪。自肇有书契以迄于兹，宇宙崩离，生灵涂炭，丧身灭国，未有若期之盛也？"如此严厉的评价，为中国史书所少有。此后，刻意渲染隋炀帝暴政，丑化其暴君形象的就是《迷楼记》《开河记》，在明代更有《通俗演义隋炀帝艳史》等一系列稗官小说。这些小说跟《三国演义》一样，在史实完全混杂的情况下为中国平民百姓所大量阅读，因而也就更加深了隋炀帝暴君的形象。

隋炀帝之所以受到历史的严厉批评，主要有两个原因：一是他弑父杀兄，人伦丧尽；二是他穷兵黩武，远征高丽。对于前一事件，一般的说法是隋炀帝使病重的文帝秘密死亡，并矫诏令其兄废太子勇自杀，然后登上皇位。但是细究史料，没有发现任何隋炀帝弑父的可靠资料，连刻意贬斥隋炀帝的《隋书》也没有直接提到隋炀帝弑父之事，司马光《资治通鉴》也仅记"俄尔上崩，故中外颇有疑论"，并未做充分肯定之结论。至于认为隋炀帝远征高丽而造成劳民伤财、民不聊生之事，也应作具体分析。在隋炀帝统治的前半期，到大业十年（614 年），推测国力的基准户口统计数达到最高，虽然时间很短，但也出现了隋代最繁荣的时期。这也从另一个角度说明隋炀帝非治国无能之辈。对历史人物的评价常常是后人所作，所以要进行客观的评价是很困难的。秦始皇和隋炀帝，他们俩都是这一弊端的最大牺牲者。

谥号"炀"是到了唐代才决定的。"炀"字是"好内远礼，逆天虐民，去礼远众"的意思，是谥号里的坏谥。而具有讽刺意味的是，隋炀帝生前也曾将"炀"这一恶谥慷慨地赠予亡国之君陈后主，却万万没想到，在他死后，后人以同样的谥号来回敬他。真可谓"以彼之道，还施彼身"！

更详细地探讨隋代末期的政治情况，可以得出完全不同的另一面。李渊占领大兴城，从隋炀帝孙子恭帝那里受禅后建立唐朝，对他来说，隋炀帝的正统性已荡然无存。为了证明其隋唐禅让之顺天应人，他就必须刻意丑化隋炀帝，因此给隋炀帝以恶谥也能很好理解了。而在李渊受禅的同时，在东都洛阳，隋的臣子们拥戴隋炀帝另一个孙子越王侗为帝，为了维持隋朝帝系的连续性和正统性，他们给隋炀帝拟的庙号为世祖，谥号为明帝。对同一个历史人物给了炀帝和明帝这两个完全相反的谥号。因此，我们不得不觉得历史上对历史人物的评价是很难断定的。

严嵩被淹没的盛名

　　大凡看过传统戏的人，都知道明代有个权臣严嵩。许多剧种里，直接、间接地"打严嵩""骂严嵩"的内容颇不少见；史书和历史小说也没有为严嵩说好话的。例如清人张廷玉等所撰《明史》就把严嵩列入"奸臣传"中。总之，数百年来，严嵩是以一个元恶大奸的大白脸形象印入人们脑际的。

　　但是，同一般封建大官僚相比较，严嵩并不算是一个特别的"大坏人"。翻开《明史》就知道：严嵩早年勤奋苦读，"为诗古文辞，颇著清誉"，他的书法和文章流传至今。嘉靖年间，他做京官，也是从事一些辛苦的、没有油水的文墨之事。他也曾说过一些直话，但却让专制帝王不高兴；迫于形势，他开始学说假话，写些歌功颂德的赋、颂之类。这样一来就博得了帝王的欢悦，他也升了高官。高官一当，贿赂随至。但与此同时，御史们也交章劾嵩。"嵩每被论，亟归诚于帝"。可见他胆子小，不敢坚持错误。与同僚们相处，严嵩也是谨小慎微的，生怕恶化关系。嘉靖二十一年（1543 年），严嵩 60 岁，"拜武英殿大学士，入直文渊阁，仍掌礼部事"。但他"精爽溢发，不异少壮。朝夕直西苑板房，未尝一归洗沐"。用现在的话说，就是"积极肯做，公而忘私，一心用在工作上，连家都顾不上"。这样，他的同僚们当然就相形见绌了。难怪嘉靖皇帝要赐严嵩一块"忠勤敏达"的银记，以示表彰。在统治集团内部的争夺倾轧中，严嵩常遭别人暗算，当然他也算计别人。在这类斗争中，严嵩借助嘉靖皇帝"英察自信，果刑戮，颇护己短"的性格弱点，以事激怒帝而常侥幸得胜。即使这样，他仍有自知之明，不敢作非分之想。所以，嘉靖皇帝欲加嵩"上柱国"的高位，严嵩力辞。他辩说："尊无二上。上非人臣所宜称。国初虽设此官，左相国（徐）达，功臣第一，亦止为左柱国。乞陛下免臣此官；著为令典，以昭臣节。"以后严嵩的行动，证明他并不是口是心非。足见严嵩在政治上并不是一个有野心的人。

"树大招风，官高必险。"严嵩后来终于成了他的政敌的主要攻击目标。造成这种局面，主要责任应该算在嘉靖皇帝身上。因为这个昏庸的皇帝笃信道教，自嘉靖十八年（1539 年）后，"即不视朝"；再过两年，"即移居西苑万寿宫，不入大内，大臣希得谒见"。皇帝不视事，重担全压在严嵩的肩上。这在客观上虽然给严嵩造成了专权的机会，但却不是他用阴谋手段攫取来的。因为在严氏执柄之前，皇帝已经是这个样子了。而且"帝虽甚亲礼嵩，亦不尽信其言，间一取独断，或故示异同，欲以杀离其势"。这就是皇帝的"统治术"。所以，严嵩必须日夜提心吊胆地撑持局面，否则随时都可能获罪。

总之，严嵩从 60 岁到 81 岁，主持朝政，"上班"和"加班"的时间多，居家时间极少，可算兢兢业业、勤勤恳恳了。只需细读《明史》严嵩本传，就不难发现这一点。他一直对嘉靖皇帝是忠诚的、敬畏的。他循规蹈矩，从无逾制之举，更无叛逆之心。事实上，后来皇帝只用一句话，就把他削职为民，他丝毫不敢违抗。可见，严嵩即使不算循吏，也是远远称不上"大奸"的。

严嵩是明代嘉靖年间的权臣，和明代弄权的太监王振、刘瑾、魏忠贤等人相比，严嵩是个科第出身的大才子，其文才不仅使那些宫内宦官难以望其项背，即使是在同时代的文臣中间，也为世人公认。可惜他和严世蕃父子

两人都是有才而缺德，这样的人做起坏事来水准更高。

史书记载严嵩长得疏眉朗目，身材修长，有玉树临风之态，且声音洪亮，出生江西却不说方言，一口标准的官话，仪表为文臣中的第一流，且在当兵科给事中的时候，政绩不俗。这些当然是他发迹的本钱，但他最大的本钱是"一意媚上"，揣摩皇帝的心思。在皇权时代，应当说这不是个特别齿于提及的毛病，而是生存的必须。皇帝欣赏他一是青词写得好，嘉靖希望长生不老，好道教，喜欢用青词来向上天祈福，当时入阁的大臣大多写得一手好青词。嘉靖二十一年（1542 年），皇帝让人制了 5 顶道士戴的"香叶束发巾"，赐给大臣。同在内阁的严嵩的同县老乡夏言认为有失体统，不愿意戴，因此得罪了嘉靖。而严嵩不但喜滋滋戴着这顶道冠去拜见皇帝，而且在道冠外笼上轻纱，以示御赐之物，当倍加珍惜。这样做也没什么不对，那时候讲"雷霆雨露，皆是圣恩"，君有赐不能不受。严嵩之坏，在于他利用皇帝的信任卖官索贿，将夏言、杨继盛等耿直之臣迫害致死。后来他的儿子被杀，孙子充军，家产被没收，而他活到八十多岁，晚年乞食于墓地——即向祭奠祖宗的人讨剩余的供品果腹，下场也够惨的。

严嵩不但文章写得好，书法也非常棒，和宋朝两大"奸臣书法家"蔡京、秦桧的水准相若。可以想见，他当权时，不知有多少人求其墨宝，其书法身价绝对是让人咂舌的价码。政治人物的书法价码随着权势的消长而涨落，是一条规律。严嵩身败名裂后，他的书法盛名也被他的奸恶之名淹没了，但毕竟还是有些手迹留在后世。

据齐如山在一本书里记载，清代京城有顺天府乡试的贡院，顺天府乡试为"北闱"，乃天下乡试第一，皇帝非常重视，主考官都是尚书衔的。但这个贡院的大殿匾额上三个大字"至公堂"，却是严嵩所书。

这样一个为朝廷选拔俊才的堂皇之所，悬挂的竟然是大奸臣题写的匾额，谁都会觉得不舒服。乾隆帝想把它换掉，便命令满朝书法好的人写这三个大字，他自己作为喜好舞文弄墨的天子，也写过无数遍"至公堂"。后来他发现，自己的御笔和满朝文臣所书，都不如严嵩，只好罢了，仍然让奸臣的字高高悬挂。

以有限的历史知识，总以为乾隆皇帝是一个很骄傲的皇帝。当然，这个号称"十全老人"的富贵天子有资格骄傲，他当政 60 年间，至少表面上的文治武功超过前代。因此他很喜欢风雅之事，比如吟诗题词什么的。

说老实话，尽管他留下了一万多首诗，但没有人把他当诗人，因为他的诗大多是咏太平盛世的顺口溜，没什么诗味，只比什么"书奇景""万里红"雅一点。他的字是典型的"富贵体"，粗大、媚俗、中规中矩，现在许多地方还能看到。乾隆的字虽然没有风骨，有"墨猪"之嫌，但一笔一画和字的构架的基本功还在，放到今天也算是上品了。

骄傲的乾隆帝面对前明奸臣严嵩的题字，他竟然是就书法论书法，没有因人废字，自己的"富贵体"不敢取而代之——难得这个"十全老人"没有骄傲到自认为自己什么都是天下第一。

清官海瑞的不清之处

　　若问海瑞是谁，多数人都会说："是清官啊！"喜欢戏曲小说的人，还能讲出海瑞的一些故事：比如海瑞出任应天巡抚时，告老还乡的宰相徐阶及其家属子侄横行乡里，侵夺民田，迫害农妇，海瑞秉公办事，法办徐阶之弟及徐阶等，因此被罢官。还有海瑞毁家买棺材，冒死上殿陈情等。明代有人专门写了小说《海刚峰先生居官公案传》（简称《海公传》），把民间传说的断案折狱故事都放在海瑞身上，就好像很多这一类的故事也被放到了宋代清官包公身上一样。

　　历史上的海瑞的确是一位秉性刚直的人物。他出生于明武宗正德九年（1514 年），广东琼山人。其父是中年得子，所以对这个孩子寄予了很大的希望，起名叫瑞，意为吉祥，取字叫汝贤，希望儿子仁、义、礼、智、贤俱备，做个大大的正人君子。海瑞的母亲谢氏出身大户人家，但是 28 岁守寡，没有了"相夫"的福气，只好把全部精力放在"教子"上，4 岁的海瑞遂成为母亲全部的寄托。所以，谢氏对海瑞管教极严，海瑞从小除了读书外，几乎没有像其他的同龄孩子一样享受过什么快乐，性格的刚强与孤僻也就难免了。

　　海瑞中举之后，两次参加会试，奈何连连落选。直到嘉靖三十一年（1553 年），海瑞 41 岁那年，到福建南平县做了个教谕，海瑞的政治生涯就这样开始了。嘉靖三十六年（1558 年），海瑞又做知县，当然也是按规矩办事的，而且对百姓心存爱心，打土豪，革冗吏；行廉政，兴教育。夫人亲自做饭，仆人门前种菜，能做的都做了，能省的也都省了。做官能做到没有一己之私，境界也够了。

嘉靖四十三年（1564年），海瑞上调北京，任户部云南司主事，这官比县令大了一级，正六品，却是个闲职。海瑞憋了一年，1565年，令家人给自己买了个棺材，然后写了个骂皇帝的折子，就揣着递上去了。这折子中，批评明世宗迷信道教、不理朝政等事，其中最狠的一句是借百姓之口说："嘉靖者，言家家皆净而无财用也。"总之，海瑞骂得是痛快淋漓的。嘉靖最后把海瑞关进了监狱。

嘉靖四十五年（1566年），嘉靖终于死了，新政大赦，海瑞出狱。海瑞这一出狱，名气可就大了。可是正如历史学家黄仁宇先生所言：海瑞的粗线条作风，在当时的文官集团里是挺招人厌的。所以对海瑞的安置竟成了朝廷最头疼的问题，在两年多的时间里，海瑞几度易职，官职虽然越做越大，但真正做到一个货真价实的官——南直隶巡抚，是在隆庆三年（1569年）。海瑞一到任上，首当其冲做的大事，就是拿徐阶开刀。徐阶对海瑞有救命之情，但是海瑞是清官，管不了那么多，不但让徐阶拿出了好多田地，还把徐阶的弟弟给法办了。不过让人遗憾的是，海瑞的干劲越大，他的阻力也越大，告他状的人也越来越多。隆庆五年（1571年），告状的人成功了，海瑞回家了，时年58岁。

直到万历十三年（1585年），张居正死了，海瑞才重新出山，万历皇上给他做了个南京吏部右侍郎。在这期间海瑞又曾多次上疏重典反贪，建议恢复太祖在位时贪污白银60两以上者即枭首示众剥皮实草的制度。在当时贪风盛行的年代，水至清则无鱼，清廉到那种程度，别的官员还怎么混？到了明神宗万历十五年（1587年），海瑞在四面八方的压力下病逝。海瑞死时身旁没有亲人，死后没钱埋葬。皇帝特派金御史王用汲处理后事。王用汲查出

海瑞的遗产是：20 两银子，旧袍子数件，海瑞身上穿的褪了色的衣服竟是他最好的衣服。死后，万历皇上赠海瑞"忠介"谥号，加封太子少保。

因此，说起海瑞，人们总想到一个耿介的清官，其他事就不大了解了。

明人姚叔祥的《见只编》上，载有一条有关海瑞的材料，说："海忠介有 5 岁女，方啖饵。忠介问饵从谁与？女答曰：僮某。忠介怒曰：女子岂容漫受僮饵？非吾女也，能即饿死，方称吾女。女即涕泣不饮啖。家人百计进食，卒拒之，七日而死。"清人周亮工的《书影》也引了这则史料。这个故事用白话来说就是，海瑞有个女儿，年方 5 岁，正在吃糕饼，海瑞问她，糕饼是从哪来的，女儿回答说：是某个仆人给的。海瑞生气地说："我女儿怎么能随便吃仆人的糕饼？你不是我女儿！如果就此饿死，才称得上是我女儿。"小女孩就哭着不吃东西了。家里人想尽办法要她吃，她坚决不吃，一个星期后，女孩死了。对今天的读者而言，这是一个悲惨的故事，但把这个故事记录下来的人，却并不一定这么想。在他们眼里，海瑞的"怒"，扮演的是严父的角色，为的是让女儿从小就懂得尊严；而女孩的死，则昭示着有其父必有其女的道理，她用幼小的生命挽回了自己的尊严。

如果说，这个史料让我们感到海瑞刚直得不近人情的话，另一件事则恐怕更有损于我们心目中海瑞的形象。明人沈德符撰的《野获编·补遗》说，房寰曾经疏攻海瑞"居家九娶而易其妻"。就是说，海瑞的政敌曾攻击他私生活有问题。海瑞一生中，先后收为妻妾的妇女，计有王氏、潘氏、许氏、丘氏、韩氏等多人，后潘氏、许氏又被他休弃，逐出家门。不断纳妾，造成了他"年已重而妻方艾"的局面。尤其是他在花甲之年还纳了两个年轻美貌的侍妾，妻妾相争，有二人同日自绕，成了言官疏参、时人讥评的话柄。在一夫多妻制的封建社会，一个大官多纳几个妾本不是什么大事，即使老夫少妻，也不为罕见。我们感到多妻与我们心目中的海瑞有点格格不入，恐怕这主要不在于海瑞的过错，而在于我们把历史人物看得太完美了。

两则材料的记载有一定的出入，我们无法肯定其真实性。但是，至少可以说明一点：海瑞在家庭中是一个专横独断的家长。当然，他也将刚愎自用的性格延伸到施政风格之中。在海瑞眼里，5岁的女儿不是他生命的延伸和继续，而只是他获取更大的"清廉"名声的一级阶梯。

据《野获编·补遗》记载，海瑞的另一个政敌、吏科给事中戴凤翔曾疏参"瑞出京师，用夫三十名；德州而下，用夫一百余人。昨年差祭海神，假称救访民事，恐吓当路，直至本乡。虽柴烛亦取足，有司抬轿径人二司中道，致夫皂俱被责三十，尚不愧悟！"这虽然来自对手的攻击，但恐怕也不是空穴来风。

对于海瑞来说，儒家经典上的文字和教条，远远比"爱"更重要。为了维护那些僵死的文字和教条，他甚至可以付出自己和家人的生命。海瑞毕竟是个封建官僚，或者说，海瑞毕竟是个凡人，他不可能像我们所想的那样高大完美、一心为公、爱民如子。保证官员廉洁的关键条件不应该是个人的道德品质，而应该是法律制度。这也可以说，是海瑞的另一面所给予我们的启发吧！

晚清的"裱糊匠"李鸿章

　　李鸿章,一直被人们认为是卖国求荣的人,几乎成了"汉奸""卖国贼"的代名词,是个几乎被全盘否定的历史人物。他的名声不比汪精卫好多少。但有多少人知道,在李鸿章生活的那个年代,还有许多鲜为人知的史实。

　　据史料记载:李鸿章(1823~1901 年),晚清军政重臣,淮军创始人和统帅,洋务运动的主要宣导者。字子黻、渐甫,号少荃、仪叟,安徽合肥人,道光二十七年(1847 年)中进士。同时,受业曾国藩门下,讲求经世之学。咸丰三年(1853 年)受命回籍办团练,多次领兵与太平军作战。1858 年冬,入曾国藩幕府襄办营务。1860年,统带淮扬水师。湘军占领安庆后,被曾国藩奏荐"才可大用",命回合肥一带募勇。同治元年(1862 年),编成淮勇五营,曾国藩以上海系"筹饷膏腴之地",命淮勇乘英国轮船抵沪,自成一军,是为淮军。旋经曾国藩推荐任江苏巡抚。地方实权既握,又于江苏大力扩军,采用西方新式枪炮,使淮军在两年内由六千多人增至六七万人,成为清军中装备精良、战斗力较强的一支地方武装。后淮系军阀集团在此基础上逐渐形成。李鸿章到上海后,同外国雇佣军(后组建为常胜军)出犯太平军。1863 年和 1864 年他率淮军攻陷苏州、常州等地,和湘军一起镇压了太平天国。从 19 世纪 60 年代起,李鸿章积极筹建新式军事工业,仿造外国船、炮,开始从事标榜"自强"的洋务事业。1865 年分别在上海和江宁(今江苏南京)创立江南机器制造总局和金陵机器制造局。同年，署理两江总督，调集淮军数万人赴中原对捻军作战。1866 年，继曾国藩署钦差大臣，专办镇压捻军事务。次年，授湖广总督。其后，采取"就地圈围""坚壁清野"等战略，相继在山东、江苏和直隶（约今河北）、山东剿灭东、西捻军。1870 年，继曾国藩任直隶总督兼北洋通商大臣，从此控制北洋达 25 年之久，并参与掌管清政府外交、军事、经济大权，成为清末权势最为显赫的封疆大吏。1874 年，他被授予文华殿大学士，20年后，又被授予三眼花翎。晚清时期汉人能获此殊荣的，李鸿章可谓是第一人。

早在 1874 年，李鸿章就清醒地意识到大清王朝面临着"数千年未有之变局"，遭遇"数千年未有之强敌"。他敏锐地提出"外须和戎，内须变法"，以争取国际和平环境，增强国家实力，提高清朝在国际上的地位。但由于时代和个人的局限，最终"和戎"与"变法"都归于失败。

李鸿章是中国近代史上最具争议的人物之一。他被视为中国开放第一人，兴办洋务运动，第一个把电报引入中国，废除了延续几千年的驿递制度，在天津办起电报总局大楼；主持修建了中国第一条自建铁路，尽管这条从唐山到胥各庄的唐胥铁路全长只有 11 公里。同时，他又被称为卖国贼，代表清政府签订了《辛丑条约》等一系列丧权辱国的不平等条约。

由此可见，李鸿章在我国晚清历史上，还是有很高地位的，他对推动清朝的发展有不可磨灭的功绩。他领导的洋务派，对我国近代封建经济的发展有推动作用；他创建的北洋水师，在我国抗击帝国主义侵略的战斗中，发挥了不小的作用。

之所以把他称做"汉奸"，是因为中外力量对比悬殊的格局，使李鸿章产生了严重的"惧外"思想，因此在对外交涉中始终坚持"委曲求全"的方针。这样，一个个不平等的条约，导致一笔笔赔款被拿出，一块块国土被割出，多少人民的血汗，就

在他手中被帝国主义瓜分了。就因为这些，"汉奸"的帽子就自然而然地扣到了李鸿章的头上。

当时，以康、梁为代表的维新派是李鸿章的政敌。他们在 1895 年成立强学会，坚决拒绝李鸿章参加，不屑与之为伍！但在 1901 年，李鸿章还来不及在《辛丑条约》上签名，便在愤恨交加中身亡了。梁启超便立即为他撰书："吾敬李鸿章之才，吾惜李鸿章之识，吾悲李鸿章之遇。"可见把"汉奸""卖国贼"的帽子往他头上戴并不合适。

再看看《辛丑条约》，实际是八国联军占领北京后的一纸投降议定书。它的签订并不怪李鸿章。李鸿章是奉命收拾残局，所有条款都经朝廷同意，他没有背着最高统治当局出卖过任何国家权益。如果要追究责任的话，应该清算的是清朝腐朽的统治者们的误国大罪。

列强的侵略和欺凌是应该反抗的，但用义和团那样的方式去对待外国人和外来事物是完全错误的。对下层民众来说，这是愚昧的爱国思想的表现。只要清政府能及时制止，本可避免发展成为一场弥天大祸。但愚昧腐朽的统治者，却要利用这愚昧的爱国思想来抵制帝国主义的侵略，导致灾难的发生。许多人把这一切都归罪于李鸿章，殊不知李鸿章当时是两广总督，祸乱的兴起与蔓延都在华北，他对朝廷的荒唐举措是坚决反对的，有什么理由责怪李鸿章呢？

李鸿章曾称自己是"大清朝这座破屋的裱糊匠，处于内忧外患的夹缝里，不能挽大厦于将倾"。认为自己不过是个"裱糊匠"的李鸿章，适逢内忧外患，从里到外都烂透了的清王朝，"裱糊匠"将一个破屋（清王朝）装饰一新，唬唬人尚可，偶有小风雨修修补补

也能看得过去，但真的遇到大风雨，破屋必然原形毕露，又岂是一个半个"裱糊匠"所能补补贴贴支撑起来的呢？

谭嗣同曾对李鸿章评价道：当时朝廷内外对西方军事、内政和外交"稍知之者，惟一合肥（指李鸿章）。国家不用之而谁用乎？"谭嗣同与他是同时代的人，又是颇有见识懂得维新之士，且非李鸿章的部下，这些亲身经历所得到的感触，颇值得后人重视。

晚清的轻重工业，矿山开采，铁路建设，电报、航运的发展，留学生的派遣，各类学校的创办，海军创建，陆军编练，外交大事，几乎无一不与李鸿章有关。他还提出"外须和戎，内须变法"的方针和许多改革、开放的主张。只是因为未被采纳而延误了时机，并不能说他无所作为。相反，他的贡献是不可磨灭的。维新派创始人梁启超曾经评价李鸿章："今日举朝二品以上之大员，50 岁以上之达官，无一人能及彼者。"可见当时李鸿章的能力之高，是得到了众人好评的。

从军事上说，随着明治维新后资本主义的发展，日本民众要求社会变革、政治民主、废除治外法权和片面最惠国不平等条约的呼声日益高涨。在野党提出对外强硬、彻底修改不平等条约和恢复国权的主张，激烈攻击伊藤博文内阁同英国进行的修约谈判方案，以致日本内阁在 1893 年底下令解散国会。由于俄国开始修建西伯利亚大铁路，英国担心影响它所垄断的欧洲至远东的海上交通线，英俄关系开始紧张。英国想利用日本作为对抗俄国的筹码，这为日英接近创造了条件。但是，日本政府既想要英国放弃它在日本已经取得的特权，又要英国默许它对朝鲜发起战争，外交谈判上难度极大。经过五十余次正式谈判和私下磋商，日本做了许多让步，又离间中英关系，终于在 1894 年 7 月 16 日订立了《日英通商航海条约》。

为了阻止日军在朝鲜的军事行动，李鸿章进行了大量的外交活动。早在 6 月 20 日，他便通过俄国公使喀西尼请求俄国干预。俄国政府先是对此事表示了很大兴趣，训令驻日公使希罗多渥劝告日本共同撤兵。日本拒绝了。李鸿章进一步建议由中、日、俄三国共同改革朝鲜内政。俄国政府在做了认真研究后，却决定退出漩涡。俄国认为，卷入朝鲜这场纠纷，可能导致卷入战争。在西伯利亚铁路修成之前，在远东打一场战争，俄国的军事力量尚不充分。英国正在等待时机，当俄国表示援助中国时，英国就有可能站在日本一边，从而造成俄国外交上的孤立。

李鸿章在请求俄国出面调停的时候，也请求英国调停。英国担心日本进一步扩大事态，会把中国完全推入俄国怀抱，便由欧格讷出面，进行了几次斡旋，要中国同意"改革"朝鲜内政。总理衙门表示，先要日本退兵，然后再行商议。日本乘机诬指中国政府有意滋事，又宣布即使中国政府派出改革朝鲜内政的委员，对于日本在朝鲜独立进行之事项，亦不准置喙干涉。欧格讷为了阻止中日战争爆发，曾建议本国同俄国舰队联合进行武装示威，但英国首相罗斯伯里否定了这个建议。他说："这是不合时宜的。我们不能削弱在东亚的海洋上具有能够成为防范俄国屏障的伟大力量的强国，不应该与之不合。"7月23日，英国照会日本，"此后中日两国开战时，中国之上海为英国利益之中心。故欲日本政府承认不在该港及其附近为战争的运动。"这是向日本暗示，未来的战争只要不影响到英国在长江流域的势力范围，英国不会进行干预。

可见，李鸿章在外交、军事上所取得成就也是很大的。这也充分证明，李鸿章不是中国人民的罪人，该算是一名功臣了。

近十年来，我国的史学家也已经就李鸿章的是是非非，综合史料记载，重新进行了评价。重点涉及洋务运动、甲午战争，仅传记便有多种。这些著作和范文一类的观点大异其趣，以大量的史料重组历史的真实，客观地指陈李鸿章的功过，甚至有的明言宣称，说李鸿章"卖国求荣"是不公正的。

综合以上的事例，足已显出李鸿章的丰功伟绩。因为，当时并无康梁之类的维新风潮刺激，纯粹是体制内的革新变通；满朝文武充斥僵化、老朽、愚顽之士，墨守成规，坐井观天，浑浑噩噩又拥有强大的反对权；李鸿章既未留洋，又饱读诗书，完全是旧式科举制塑造的人物，能有如此开放的胸襟和无所不晓的识见，不算是天赋所得吗？

最后我们可以给李鸿章的"卖国"罪名做一结论。评论一位历史人物只能把他放在他那个特定的历史条件下，分析他的作为是否符合当时的历史趋势，以定其功过。这往往需要很长一段时间，在一百年之后的今天，应该是看得很清楚的了。

时势造英雄，在风雨飘摇的清朝末年，政坛上也曾出现过一批深刻地影响了时代的风云人物，他们是曾国藩、左宗棠、张之洞和被世人唾弃的李鸿章。有意思的是，这批汉臣全都是以镇压太平天国起家。也因为此，这些人物在后来的历史教科书上被认定为罪人，铁案如山。

然而随着时代的改变，人们越来越意识到历史不可能这么简单地盖棺论定，比如曾国藩开始的那场轰轰烈烈的洋务运动在某种意义上正是近代中国走向开放的开始。于是人们开始为他们翻案，曾国藩家书的出版像多米诺骨牌一样，引发了一段翻案风潮。

总之，李鸿章对中国是有很大影响的，他对中国所做出的贡献，也是不可磨灭的。至于他的那些错误举措，也只能说是一时糊涂或不得已而为之吧。孔子云："人非圣贤，孰能无过？"我们应该从客观的角度，来正确评价李鸿章这一历史人物。

洪秀全的真实面目

提起太平天国，自然要想起洪秀全。洪秀全在大多数历史著作中，都被评价为"杰出的"反封建农民起义领导者。然而，事实并非如此。

太平天国最初萌芽，是由冯云山在广西桂平紫荆山区组织拜上帝会，发展会员。冯云山以拾粪打谷、做苦工、当塾师为掩护，宣传拜上帝教。他宣称洪秀全是天父上帝的次子，法力无边。活动初期，一切行动几乎全由冯云山一手包办。洪秀全只作为一个偶像被信徒膜拜，并没有为起义做任何努力，而是一心在广东教书。这时的洪秀全，不过是一个道具罢了。

待到"太平天国"成立，永安建制之后，杨秀清、萧朝贵等人逐步掌握政权。杨秀清更是大权在握，"西王以下，暂受东王节制"。此时的洪秀全，被胜利冲昏了头，一天到晚只知贪图享乐，躺进深宫不理战事，军事政治等大事全都由杨秀清等人操控。这时的洪秀全，只是一个木偶，一个用来镇定民心的活道具。

倘若只是这样也就罢了。但洪秀全是一个更贪婪、阴险且不择手段的小人。不甘心听任杨秀清摆布的他，调唆韦昌辉杀了杨秀清。接着又制造谣言，借石达开之手处死了韦昌辉；而对洞悉这一切阴谋真相的石达开更是毫不留情，杀尽石家满门数十口，逼得石达开带领精锐部队出走。在国中无人朝中无将的情势下，他只有提拔李秀成、陈玉成。尔后，洪秀全又躲进深宫，醉生梦死，直至病逝。

太平天国运动无疑是伟大的，是中国历史上一场轰轰烈烈的革命运动。但自始至终，洪秀全并未做出过什么了不起的杰出贡献，反而给这个运动制造了难以弥补的损失。

太平天国运动从兴起到衰亡，其速度之快和时间之短，是历史上罕见的。这场狂飙式的运动，确曾在近代中国社会留下浓重的一笔，然而随着历史真相在光芒的笼罩下渐浮渐现，却发现这是一场与历次残暴、独权思潮的农民起义没有任何本质区别的"革命运动"。在农民起义的领袖中，成功或不成功者都要利用其手中握有的极权来使自己更加神圣与享乐，其荒淫残暴的程度绝对胜于他们所要起义对抗的那个封建王朝。洪秀全作为太平天国的领袖，经过最初的起义与攻城略地之后，获得了大清王朝的半壁江山，便安于在天京享受自己荒淫到无度的生活，甚至在进行太平天国运动的初期，便坐拥数个年轻美貌的女子。

太平天国的领袖人物洪秀全，从1843年6月创立拜上帝教起，即以"天下多男子全是兄弟之辈，天下多女子尽是姊妹之群"的平等思想作号召，广泛发动群众特别是农村贫困劳动妇女参加。在拜上帝教主要发源地广西桂平县鹏隘山区，曾经涌现出以杨云娇为首的许多妇女积极分子，与启蒙者冯云山并肩活动，流传有"男学冯云山，女学杨云娇"的民谣。金田起义时有一首民谣形容妇女参加运动的盛况："姊妹亲，同个房睡共口针，如今姐随洪杨去，妹也跟随一路行！"

在胜利中，以天王洪秀全为首的领导集团满足于半壁江山到手，认为大局已定，要关门当太平天子，于是便把同打江山的妇女转为供自己淫乐的对象。在攻克南京前17天，天王即从芜湖江面龙舟上突然颁发一道严分男女界限的诏令："女理内事，外事非宜所闻。"并用四个"斩不赦"限制身边妇女与外界的联系。攻克南京后入城时，跟随天王的妇女都纱巾蒙面，进入天王府即被禁锢，与外界完全隔绝。

洪秀全早就梦想后妃成群的帝王宫廷生活。他创立拜上帝教时，把他的妻子又称为正月宫娘娘；金田起义时选美纳妃15人；一年后在广西永安围城中，"洪秀全耽于女色，有36个女人"。进入天京小天堂后又征选更多美女。

据史载，天京天王府"其中约有妇女千百，男贼仅洪逆一人，其中淫恶可知也"。至于具体人数，《江南春梦笔记》中分类评列，讲王后娘娘下辖爱娘、嬉娘、妙女、姣女等16个名位208人；24个王妃名下辖姹女、元女等7个名位共960人，两类共计1168人属妃嫔；另有服役的女官，从二品掌率60人各辖女司20人，合计为1200人。各项人数加起来，总计有两千三百多名妇女在天王府陪侍天王。

洪秀全从41岁进南京城至52岁自尽，在美女丛中生活11年，从未走出天京城门一步，既不上马杀敌，也不过问朝政。这时他正值壮盛之年，并且体格健壮，但11年仅颁布过25篇诏书，而且1854年至1858年是空白，5年竟然未发一诏。连曾国藩也感到奇怪："洪逆深居简出，从无出令之事。"

洪秀全一方面不问朝政，一方面则费尽心机与后妃娘娘们作文字游戏。从1857年太平天国刊印颁行的经典官书之一《天父诗》看，所收选的500首诗文，除起义初期杨秀清假托天父帮助洪秀全排解后妃纠纷的24首口述诗文外，另外476首都是洪秀全进入天京初期3年中写给后妃的夫权独白。

这些妇女陷入后宫，早晨为天王"洗身穿袍统理发，疏通扎好解主烦，主发尊严高正贵，永远威风坐江山！"向天王参拜："朝朝穿袍钟锣响，响开钟锣尽朝阳，后殿此时齐呼拜，前殿门开来接光！"拉着金辇陪天王游御苑："苑内游行真快活，百鸟作乐和车声。"为天王按摩肚子却不得碰着胡须："小心弯远须顾须，悠悠轻轻摸挨脐！"拨扇驱蚊："日夜拨扇扇莫停，莫拨榻底要记清！"捧茶拿痰桶："捧茶不正难企高，拿涎不正难轻饶！"从这些诗可以看到天王小朝廷的威严和荒淫。

生活在千百个美女丛中的天王洪秀全，嫌那些从广西跟来征尘未净的老姊妹们粗鲁、脏污。听见有人高声说话，他便写诗斥责："娇娥美女娇声贵，因何似狗吠城边？"看见有人缩手缩脚，他训斥："耕田婆有耕田样，天堂人物好威仪，尔们想做真月亮，到今还不晓提理！"见有人不会刷牙、敷粉、洒香水，他用刻薄的语言讽刺挖苦："跟主不上永不上，永远不得见太阳！面突乌骚身腥臭，嘴恶臭化烧硫黄！"

洪秀全毫不掩饰喜新厌旧的情绪："一眼看见心花开，大福娘娘天上来；一眼看见心火起，薄福娘娘该打死！"他为那些可怜的薄福娘娘们规定了几项杖责戒律："服侍不虔诚一该打，硬颈不听教二该打，起眼看夫主三该打，问王不虔诚四该打，燥气不纯静五该打，说话极大声六该打，有嘴不应声七该打，面情不欢喜八该打，眼左望右望九该打，讲话不悠然十该打！"他还有一项特别奇怪的规定："看主单准看到肩，最好道理看胸前，一个大胆看眼上，怠慢尔王怠慢天！"

后宫妇女失掉了所有人格尊严，一言一行随时都有招致责罚的可能。由于天王宣布过："只有人错无天错，只有臣错无主错。"所以妇女们受到责罚时，即使冤枉也不得辩解，只许认错领打，否则便会受到加罪处罚："打开知错是单重，打不知错是双重，单重打过罪消融，双重雪下罪难容！""雪下"是太平军"刀下"的代称，至少有3个女人因为挨打时喊冤不认错而被杀。被杀的人当中，有人至死不认错并且顶撞了天王，受到五马分尸的酷刑。

天京事变后，洪秀全依然生活在娇娘美女中，生活更加颓废。在 1861 年太平军进取苏浙的时候，洪秀全又从李秀成选送到天京的 3000 美女中挑出 180

人收入天王府，当时即有人写诗讽刺："三千怨女如花貌，百八佳人堕涸愁。"

洪秀全从 1856 年天京事变到 1864 年自杀，由于深居宫中，消沉丧志，脱离群众和实际，他的诏书都像李秀成所说的"言天说地"的梦话。诸如《赐英国全权特使额尔金诏》，说什么"万国扶朕在天台"；听到太平军克复苏州的捷报后，他竟降诏说："朕睡紧都做得王，坐得江山"；在《打死六兽梦兆诏》中，他一点不脸红地说，他拐引着两个陌生女子，又打死四只黄虎、两只黑狗，是"天朝江山万万年"的征兆等。后来，他连这种虚无缥缈的诏书也懒得写，于 1861 年 7 月颁发了最后一道"朕命幼主写诏书"的诏旨，索性把权力交给他年方 13 岁、就已学会荒淫的儿子幼主，自己当起了太上皇。

洪秀全在小天堂美女群中享受了 11 年的帝王生活。1864 年 6 月，他活到 52 岁，在曾国藩湘军的隆隆炮声和后宫女子的嗟怨声中，不得不丢下他那千百个娇娘粉黛，自尽身亡。他死后 48 天，天京沦陷，天国灭亡，他的宝贝儿子也当了俘虏上了断头台。那座由天王亲自监工和千万妇女用血泪建造了 10 年、周围十余里的巍峨天王府宫殿，在清军挖出来焚烧的天王尸体的烟焰中，化作"十年壮丽天王府，空余荒蒿野鸽飞"的废墟。

第四章
走在是与非的边缘

　　时下在一些戏说历史的作品中出现了许多完全不顾史实、胡编乱造的现象。这些作品崇尚"快乐原则"和"消费原则",迎合大众文化的审美趣味,满足娱乐化、休闲化的需要,以娱乐性、时尚性、消费性、世俗性消减了历史内容和思想深度。使得一些重要的历史事件与人物出现了偏离真正历史轨迹的现象,从而使是与非、善与恶、美与丑、进步与反动、崇高与卑下、英雄与败类、勇士与懦夫出现了大逆转和大颠倒,造成了历史文本和史实的易位和倒错,以诱导读者误读历史、误解历史。

背负沉重罪孽的商纣王

千百年来，人们讲到商朝覆亡，往往归咎于古书上所载的纣王（帝辛）荒淫无道，如宠妖妃妲己、剜忠臣之心、设炮烙、"以酒为池，悬肉为林"等。在小说《封神榜》中，更把商纣写成有史以来头号暴虐魔王。其实，"女娲亡国论"本是后世封建文人为昏君开脱之谬论，鲁迅又一针见血地概括几千年古代史都是"吃人"史，君主淫乱残暴者各朝各代俯拾皆是，为何商纣王却偏偏很快国灭身亡呢？

对流传了三千年的对商纣王妖魔化的记述，历史学家郭沫若专门进行考证后做过翻案文章，撰文《替殷纣王翻案》，纣王其实是一个很有才能的人，他对古代中国的领土开拓有其贡献，所谓"纣克东夷"，就是开拓淮河流域和长江流域、西周正是乘"纣克东夷"的机会东进灭商的，认为"后人是深受了周人宣传的毒"。郭沫若说："商纣王经营东南，把东夷和中原的统一巩固起来，在历史上是有功的。"他的英雄末路"有点儿像后来的楚霸王"。他认为纣王是个很有本事、能文能武的人，又认为纣王伐徐州之夷，打了胜仗，但损失很大，俘虏太多，消化不了，周武王乘虚进攻，大批俘虏倒戈，结果商朝亡了国。

如果抛开周朝为显示伐纣正义性而做的歪曲宣传和后世文学想象，以科学研究和考古成果为准绳，应该肯定纣王开拓山东、淮河下游和长江流域的功绩。商朝疆域的扩展，促进了中原文明的传播，有助于华夏大地的生产力发展。《史记·殷本纪》上说纣王本人"帝封资辩捷疾，闻见甚敏；材力过人，手格猛兽"。当时商军已使用战车，装备青铜兵器，出征兵力最多时达 13000 人，这足以称雄黄河和长江流域。不过商朝开拓疆土达到高峰时，西周联合一些早怀二心的诸侯突然发起"武王伐纣"之战。纣王因主力军在外未归，仓促组织充当奴隶的外族人俘虏保卫首都朝歌（今河南安阳市附近）。两军在牧野遭遇，主要来自东夷的奴隶不愿为仇家卖命打仗，纣王又缺少嫡系骨干监管，结果出现战场倒戈。经过一番"血流漂杵"的厮杀，商军崩溃，周军乘势杀入朝歌，心高自傲的纣王自焚。殷商就此覆亡于突然事变。

商纣王，名叫帝辛，是商朝最后的一位君主。"纣"是"残义损善"之意，"纣王"是后人对他的贬损评价。史书上记载的纣王的罪行有：沉溺酒色，奢靡腐化。纣王喜欢饮酒，他凿地为池，池中注酒，酒上行船。纣王同姬姜亲众在池上划船饮酒。据说，他在宫内竖起像树林一样的木桩，上面挂满熟肉，叫一些陪伴他的人光着身子在这"肉林"里打闹嬉笑。饿了就吃，吃完就玩。据说，他还大兴土木，造了一座鹿台。地基 3 里见方，高逾百丈。他把搜刮来的金银珠宝和美女们聚集在台上，宴饮狂欢，长达七日七夜，以致君臣姬姜都忘了日月时辰。残忍暴虐，荼毒四海。据说，他行炮烙之刑，用炭火把中空的铜柱子烧红，然后叫被残杀之人在上面爬行，烙得皮焦肉糊而死。

他为了观察正在成长的胎儿，竟残忍地让人剖开孕妇的肚子；他想知道冬天光脚过河的农夫为什么不怕冻，竟叫人砍掉他的双脚，砸骨验髓。还有像是宠幸奸臣，重用小人，不敬祖先，不信忠良等种种罪行，令人罄竹难书。后来，纣王失去士气和民心，终于被武王打败。他一把火把自己烧死，他的妻子妲己也被武王送上了断头台。难道商纣王真的像传说中的那样残暴吗？

据说孔子的学生子贡就曾怀疑过。认为是有人故意把天下的罪恶都加在他的头上。历史学家在考

察了商纣王的七十多条罪恶发生的次序之后，发现他的罪行是随着时间的推移，越来越多。也就是说是后人编造的，真实性和可信度大打了折扣。那么，为什么要有意地丑化商纣王呢？

第一，他的政敌别有用心宣传。比如奢侈腐化、暴虐荒淫、镇压反叛、剪除异己，这是一切帝王的共性，并非商纣王独有。这些劣迹为什么表现在商纣王身上就那样骇人听闻，令人发指？应该说，是他的政敌在丑化和宣传。"胜者王侯败者贼"，灭掉商纣王的帝王们、御用文人们怎样说他都不为过，那就根据政治需要随便说吧。

第二，把罪恶之源引到女人身上。妲己本来是纣王剿灭苏部落的战利品，也是纣王的玩物。可是，武王伐纣后一千年的《列女传》把劣迹都归于妲己一人，这就是"女娲亡国论"。其实，在男尊女卑的封建社会里，本性凶残的帝王我行我素，独断专行，并不受女子所左右，怎么一旦亡国灭身，就把女人当成替罪羔羊了呢？于是，夏桀有妹喜，商纣有妲己，周幽有褒姒，唐明皇有杨贵妃，仿佛没有了这些女性，他们就会"天子圣明"了。因此，在商纣王的故事里掺和着妲己，既是小说家的调味品，也是封建文人为昏君开脱、愚弄人民的阴暗心理的表露。

第三，抹杀商纣王的历史功绩。据《史记》记载，商纣王博闻广见，思维敏捷、身材高大、臂力过人。他的才智足以对复杂的事情迅速做出准确的判断，他的气力足以偷梁换柱、徒手杀虎。他曾经攻克东夷，把疆土开拓到中国东南一带，开发了长江流域。当时的东夷常向商朝发动进攻，掳去大量百姓当奴隶，对商朝是个威胁。纣王的父亲帝乙就和东夷大战一场，但没有取得胜利。纣王登基之后，铸造大量兵器，亲率大军出征东夷。东夷各部联合起来进行抵抗，但挡不住纣王的攻势。

商军如秋风扫落叶一样，一直打到长江下游，降服了大多数东夷部落，俘虏了成千上万的东夷人，取得大胜。从此以后，中原和东南一带的交通得到开发，中部和东南部的关系密切了。中原地区的文化逐渐传播到了东南地区，使当地人民利用优越的自然地理条件发展了生产。实事求是地说，这个历史贡献，应该记到纣王身上。

19世纪末20世纪初，河南安阳小屯村出土文物，在龟甲与兽骨上刻有大量文字与卜辞，经考古学家郭沫若等考证，对纣王及妲己的真实面貌，有了接近事实的评估。

首先，纣王不是正式的帝号，是后人硬加在他头上的恶谥，意思是"残义损善"。他正式名字为子辛，也叫帝辛。

其次，从甲骨文记载看：商人颇重迷信，任何重大举措，都要求神问卜。妲己影响力微乎其微，有苏氏一族也未在商朝得势。帝辛暮年热衷色、食是实，虐杀比干也有确切记载，但绝非妲己要剖其心而食之。说妲己是狐狸精变的，不符合生物进化规律。至于砍掉赤脚在水上行走的人的脚以及剖开孕妇肚皮，无事实根据，妲己的恶名是周人宣传，败坏帝辛"唯妇人之言是听"。

再次，从史实看：《史记·殷本纪》说"帝纣资辨捷疾，闻见甚敏，材力过人，手格猛兽"。荀子在《非相篇》中，说纣王"长巨蛟美，天下之杰也；筋力超劲，百人之敌也"。东汉王充在《论衡》中明确表示对纣王传说有疑问，认为传说不是真实，被误传、被夸大了。

清朝李慈铭也言，纣王的显著罪行，如杀比干、囚箕子、宠妲己、偏信崇优、拘押文王等，比起后世的暴君来，还算不得罪恶深重。近人顾颉刚更撰《纣恶七十事发生的次第》，指出现在传说的纣恶，是层累积叠地发展的，时代愈后，纣罪愈多，也愈不可信。最近三慎行在《纣为暴君说献疑》一文中，对暴君说再次提出质疑，指出战国秦汉时人，因纣之世近，且纣恶之事传之较详，故以纣之恶比附桀者必多，以桀之恶比附纣者必少，此乃附会之由也。

20世纪，当代史学家郭沫若在《青铜时代》中说："就拿殷代最后一个亡国之君帝辛来说吧，这个人被周以后的人说得万恶无道，俨然人世间的混世魔王，其实那真是太不公道的。人是太受人催眠，太爱受人宣传了，我们是受了周人宣传的毒。"难怪有人说：把纣王、秦始皇、曹操看做坏人是错误的，其实纣王是个很有本事、能文能武的人。他经营东南，把东夷和中原的统一巩固起来，在历史上是有功的。史书说：周武王伐纣，血流漂杵，这是夸张的说法。孟子不相信这个说法，他说尽信书不如无书。

关于妲己，传说她干预朝政，陷害忠良，是一祸国殃民的狐狸精。所谓狐狸附身，当然毫无科学根据。妲己距今三千多年，那时男性掌权，女性地位差，决定人的生死及朝廷大臣的任免的权力，均由纣王控制。殷之亡国，原因很多，纣王残暴统治是其因之一，但不能把纣的残暴都说成妲己引起，从而得出"乱世佳人是祸水，坏事都因女人起"的不实结论。而就纣王来说，他是不是一无是处呢。

在历史上，殷代末年，有一个很宏大的历史事件，便是经营东南。郭沫若说："这件事在我看来，比较起周人灭殷室，对我们民族的贡献更要伟大。"

殷商末年，殷领导的中原地区是华夏发源地，它进入了奴隶社会，而东夷一带小部落还处在原始社会，生产力落后，他们向中原地区伸展。纣王的祖父、父亲，对东夷步步退让，而纣王却组织大规模军队，铸造大批武器，亲自出征，东夷联合各部落，与之对抗。经过长期战争，东夷由强转弱，殷王朝由弱转强，最后纣王平定了东夷，一直打到长江下游，中原文化逐渐传播到了淮河流域和长江流域的广大地区。那里的人民吸取中原地区的先进文化，利用当地优越的自然条件，迅速发展了生产，这就为后来的中国形成一个多民族的统一国家，创造了先决条件。由此可见，纣王在历史上是个暴君、昏君，有过，但有过也有功。

游离在视界边缘的屈原

在中国历史和中国文学史上，屈原在人们的心目中一直以伟大的爱国者的身份出现。人们赞颂屈原是个伟大的政治家，他对楚国的忠贞被称为爱国行为，他的死重于泰山。在中国历史和文学史上，刘安、王逸、司马迁等很多文人志士都给予了他极高的评价。屈原已经成为很多国人心目中的精神楷模。然而，历史的车轮是不以个人的意志为转移的。众所周知，汉代以前的史书中几乎从未提到屈原，尤其是楚国的史料中，屈原更是不见经传。这实在与后来记载中的屈原的身份地位极不相称。由于缺乏必要的史料，屈原一直是一个颇具争议的人物，更有观点认为屈原并不存在，纯为汉儒的虚构和假托。在各种观点皆缺乏力证的情况下，这一观点也就自有其道理。清末经学大师廖平对屈原是否存在就持否定观点的，其说虽多偏颇，但毕竟有可取之处。再如胡适先生亦持类似看法，他在《读<楚辞>》一文中便明确提出了四个问题：（1）屈原是谁？（2）《楚辞》是什么？（3）《楚辞》的注家。（4）《楚辞》的文学价值。关于第一个问题胡适先生曾说过："屈原是谁？这个问题是没有人发问过。我现在不但要问屈原是什么人，而且要问究竟有没有屈原这个人。"

当然，如果站在当今的最新学术前线来看这个问题的话，我们说不止《史记》"不很可靠"，一切历史文本皆无法"很可靠"，因为语言本身即是一种喻体的存在，一种修辞的存在，而我们所能见到的历史只是文本而已，根本就无法摆脱其作为一种叙事体所具有的虚构性、修辞性和倾向性。胡适还就《史记》中涉及屈原的文本进行了类似于今天"文本分析"似的解读，得出了"《屈原传》叙事不明"的结论。

再有近来日本秋田大学的石川三佐男教授在其《〈楚辞〉新研究——近年出土的考古资料与<九歌>诸篇的比较》中，研究了"长沙马王堆汉墓出土帛画"中之"升仙图""重庆巫山县"土城坡等地出土的各种棺饰铜牌、四川简阳县汉墓出土的石棺侧板画像以及"长沙子弹库楚墓出土帛画"、河南新野县、湖北随州市"曾侯乙墓"等出土文物，得出了"大司命""少司命""云中君"等诸神皆出于汉代，而不可能出于战国时的屈原笔下，证明《九歌》系汉代人伪作。这无疑也开辟了一个新的视角：且让历史文本与出土文物相"互文"，有"以地下之物证地上之事"之风。

历史上的楚国是一个非中原地区的、非汉文化中心的诸侯国，尽管当时也曾十分强大，但在秦的大一统中，是以中原地区为中心的国家，楚便成了一种"边缘"地带。生活于当时楚国的诗人屈原，相对于生活在大一统政治格局、以儒家文化为中心"独尊儒术"的汉儒们来说，也只是个"少数民族作家"，是个地地道道的"边缘"的"作者"。然而《史记》中的屈原又是什么样子呢？细读《屈原列传》，除胡适已提出的疑点外，还可运用更为前线的文本分析方法来加以推敲。

《列传》中涉及屈原生平的叙述并不太多：屈原者，名平，楚之同姓也。为楚怀王左徒。博闻强志，明于治乱，娴于辞令。入则与王图议国事，以出号令。出则接遇宾客，应对诸侯。上官大夫与之同列，争宠而心害其能。怀

王使屈原造为宪令，屈平属草稿未定。上官大夫见而欲夺之，屈平不与，因谗之曰："王使屈平为令，众莫不知，每一令出，平伐其功，以为'非我莫能为'也。"王怒而疏屈平。

先看其中引用上官诬陷之辞的"直接引语"。"直接引语"为文中人物所言而非叙述者之言，那么叙述者相对于文中的历史场景，无疑是个"不在场者"，他又是如何听到这一段话的呢？相信不会有如此详尽的史料流至汉代。显然这段话是由叙述者代言的，是作者的一种修辞和建构，而与历史史实无关。进而再看这段叙事，在这一颇富戏剧性场面的历史场景中，只有两个"在场者"——屈原和上官。上官是否"见而欲夺之"，即便在当时也难于辨明，更何况时过境迁后的"缺席者"司马迁呢？司马迁判定屈原为可信，上官为不可信，完全是着眼于其文章的主题建构和谋篇需要，而与具体史实无关。换言之，司马迁是以"历史经验"置换了"历史史实"。而这本身就是"不可信"的。

再进而分析这一段文本，不难看出它是建立在"忠奸"的语义二元对立上的。它其实是一个悲剧性的"忠臣故事"，而君、忠臣、奸臣之间的关系，构成了所有这类忠臣故事的基本"句法结构"，即便把屈原置换为其他人也是一样。而故事中的上官（或换成别的什么人）则注定成为"反英雄"，这是故事所决定了的。换言之，不是因屈原而创造了屈原故事，而是因屈原故事才创造了屈原。司马迁讲述的只是这类故事中的一个老套情节，是"陷害忠良"这一故事"功能"的屈原版。

关于屈原投江一段，司马迁更是将其修辞性、虚构性及文学性发挥到淋漓尽致：屈原至于江滨，被发行吟泽畔。颜色憔悴，形容枯槁。渔父见而问之曰："子非三闾大夫欤？何故而至此？"屈原曰："举世混浊而我独清，众人皆醉而我独醒，是以见放。"渔父曰："夫圣人者，不凝滞于物而能与世推移。举世混浊，何不随其流而扬其波？众人皆醉，何不餔其糟而啜其醨？何故怀瑾握瑜而自令见放为？"屈原曰："吾闻之，新沐者必弹冠，新浴者必振衣，人又谁能以身之察察，受物之汶汶者乎。宁赴常流而葬乎江鱼腹中耳，又安能以皓皓之白而蒙世俗之温蠖乎。"

不必细察，我们也可看出这完全不是历史描述式的叙述方式，而是修辞性的一种虚拟对白，目的是表明作者见解而预设一对话者，以形成必要的基本语义对立。这一手法可说是司空见惯，《论语》里有、《左传》里有，就连《楚辞》中也不乏其例。这是"文法"而非"史笔"。《列传》中所讲述的屈原故事，大体属于一种历史传说故事，并无充分的史料根据，且完全是"文史不分家"的虚构叙事文法。司马迁当然也是虚构者之一。

太史公司马迁以儒家"意识形态"为中心，去压抑各种"边缘"的阅读可能。比如，说屈原"入则与王图议国事，出则接遇宾客，应对诸侯"，按理这样一个人物是会载入当时的史书的，即使楚国因群小作怪而有意遮蔽了他，别国的史官也不会坐视不理。

然而，在先秦史料中却不见屈原之名，这岂非一大疑点？太史公不察，却一味相信自己对《离骚》等篇的阅读感受，把屈原排入忠臣、能臣之列，这样就压抑了屈原其他生存状态的可能，比如作为"文学弄臣"的可能，作为"大巫"的可能，甚至是实无其人的可能。以儒家的"忠君"观念解说屈原，则压抑了屈原与怀王间其他关系的可能性，如"恋君"的可能。以能臣标榜屈原，实则最是这一阅读的自相矛盾之处。

严格地说，作为第一人称自叙"盖自怨生也"的《离骚》，应属"不可靠叙事"，当做一种具有虚构叙事特征的诗篇来读犹可，若把其当做信史则大谬不然。太史公对屈原文本的"误读"过程，也就是他以儒家"意识形态"对屈原进行重构的过程。于是"楚地"的文化"边缘"者屈原，便成了按汉儒"意识形态"所想象建构的忠君爱国的儒林楷模。就连"夫天者""父母者""日月"等，也在儒文化的修辞中被赋予了一种想象性的关系。如此一来，有关屈原的其他可能及意义便统统被遮蔽不见了。这也正是太史公在"缺席"的叙述中施加"话语暴力"并能理直气壮的根本原因。

其实，"误读"屈原并非自司马迁始，而是生活在儒文化中心的大一统帝国里的汉儒们必然的价值取向。就《列传》而言，早有汉儒贾谊吊屈原的"误读"在先，太史公所为，自是情理之中的了。贾谊"误读"屈原，以自身遭遇的生活经验置换出屈原的想象性建构；司马迁"误读"屈原及贾生，亦以自身经验置换出屈原、贾生的历史故事，并使之成为"真实"的历史事件。而司马迁与他建构的人物之间的"隐喻"关系，便也隐迹其间了。

现在，再来看屈原作品的可靠性问题。这一问题与上面讨论的汉儒"误读"紧密相关。我们知道，战国末期还没有"楚辞"这一概念。"楚辞"最早见于《史记·酷吏列传》，《楚辞》的结集是刘向完成的。也就是说，在汉代以前，屈原的作品还不是"经典"。那么由战国至汉代，由"无名"到"命名"，由"民间"而"经典"的过程，亦是一个对"楚辞"的建构过程。此一建构过程，也可视为对文本的"改写"或"改造"过程。当然，这种"改写"或"改造"并非一定指有意的伪造或假托，而是泛指翻译、整理、修订、归类、编目、取舍、补充、注释等一切参与改变或制造文本"意义"的活动。

我们应特别注意的一点是，《楚辞》如确系屈原所作，或部分为屈原所作，其主要作品也肯定大多作于流放途中，其传世方式与史官所记官家行状是不可同日而语的。而当时书写的媒介是简册，以屈原如此浩繁的文本制成简册，一定汗牛充栋。让一流放之人完成如此工作，也不太可能。且如此之多的简册能历经劫难完好无损地传到汉

代，更是无法想象的。所以屈原作品最初以民间口耳之间散播、流传的可能性最大，后来才逐步地形诸文字。从现今所见的《楚辞》文本中亦可看出其在语言、文字二者间，从语言的倾向。如模拟声音的语气词"兮"的大量重复出现，无疑是更具传唱特征而较少书写特征的。而漫长的以口耳相传为主的传播过程，又会使某些集体创作的因素掺入其间。

如此看来，《楚辞》算不算某种意义上的准集体创作，它还有没有一个相对"改写"而言的"本源"，都已经成了问题。再者，严格地讲，楚国的语言、文字是异于统一后以汉族文化为中心的语言、文字的，所以从楚国传唱的《楚辞》到汉儒编纂的《楚辞》间，尚有一个准"翻译"的过程，而这亦可以视为一种改写。也就是说，我们今日所见之《楚辞》，至少已经过了楚地民间与汉代文人的双重改造。

因此，有理由提出这样一种观点：历史文本中之屈原，乃是一经改写、想象而加以重构之屈原，是汉儒在大一统专制政治背景下，以汉族儒家文化的视角对一非中心的历史人物的想象性建构。而在这一建构的过程中，历史中的屈原则越来越离我们远去，变得无法追寻，留给我们的只是一个关于他的神话。如果说，汉儒对屈原的想象性建构是基于对"楚辞"的"误读"，那么"楚辞"本身其实亦是汉儒自己的建构之物。《楚辞》本无"楚辞"之名，是楚文化源头活水中变动不居的动态存在。在不断"互文"和"改写"的过程中，正如上文中所分析的，其"本源"亦在"流变"之中，并不存在一种本源、流变的二元对立。《楚辞》的"经典化"过程，便是权力话语对它不断的建构过程，也正是这种建构，千百年来主宰着《楚辞》的"意义"的流变。甚或可以说，"楚辞学"便是建构在对"他者"的想象和改造之上的，是一门权力话语的"政治修辞学"。

宦官控制下的盛唐时代

　　宦官，是中国传统文化最可耻的产物之一。至于宦官专政，则是封建专制体制惹的祸。宦官由于接近皇帝，很容易从皇帝手中窃取权力，并进而左右政权。宦官专政，这个封建专制的怪胎，在中国一再地成为历史事实。

　　唐王朝是一个有进取精神的王朝。从太宗李世民到玄宗李隆基前期的一百年间，历任皇帝不断开疆拓土，漠北和西域相继归入中国的版图。为了统治新开辟的疆土和对外保持进攻态势，唐王朝在边境地区先后设立了十个藩镇，官称"节度使"。节度使最初只管军事，后来为了提高军队的机动性和战斗力，节度使可以就近征兵筹饷，逐渐掌握了藩镇内的财政和行政权力，节度使因此成为藩镇内名副其实的最高统治者。节度使权力的增大有利于保持唐王朝军事力量的强大，不利因素是为节度使积累了对抗中央政府的资本。

　　公元755年，范阳节度使安禄山被酒肉宰相杨国忠逼反，率领蕃汉混合兵团17万人南下，一路势如破竹，东都洛阳首都长安相继失陷，皇帝李隆基狼狈地逃往四川。他的儿子李亨前往西北500公里外的宁夏灵武重组中央政府，征召仍然忠于唐王朝的军队讨伐安禄山。经过这次打击后，皇帝对军事将领充满戒心，在任用他们的同时又严加监视，防止他们像安禄山那样叛变。于是发明一种此后几乎贻害一千年的监军制度，派遣宦官出任监军。不但藩镇设有监军，就是比藩镇小两三级的军事单位也设有监军。武装部队中遂形成两个系统，一是传统的军事系统，一是可以直达皇帝御座的宦官系统。监军的任务，表面上是协助军事统帅，事实上是在防止叛变。

安史之乱虽然平定下去了，但节度使的力量非但没有削弱，相反还有大幅度的增长，最终形成藩镇割据的局面。割据的形成，源于安史手下若干当节度使的大将在投降中央政府时，仍握有强大的武装部队和重要据点。大乱之后，皇帝和宰相杯弓蛇影，不敢予以调动，命他们继续担任原职如故，只求表面归顺，维持统一的外貌。这些节度使当然了解这种政治形势，遂乘机取得合法的割据。不但军事、财赋、行政全部垄断，连节度使的职位也父子相承，成为无名有实的独立王国。其他藩镇也纷纷仿效，加之安史兵变后，全国逐渐都被划作藩镇，作为对内抗衡和安置军阀的工具，全国藩镇割据的局面因此形成。在这种政治形势下，皇帝更没有理由不防范军事将领，监军宦官的权力也随着节度使力量的增长而增长，最终到了连皇帝也无法收拾的程度，第二次宦官专政因此来临。

因为监军是一个权威的职位，所以宦官拥有极大的权力，地方军政官员在皇帝眼中的分量和好坏并不在于他的文治武功，而在于监军宦官呈给皇帝的一面之词；一纸密告，就可以使统帅人头落地。中央第一任讨伐安禄山的统帅高仙芝和副统帅封常清，就因为不能满足监军宦官边令诚的勒索，边令诚密告他们通敌谋反，二人遂被双双处斩。继任的统帅哥舒翰也因不能笼络宦官，被宦官诬陷为"养敌自重"，结果只好在不该出战时含泪指挥潼关守军作自杀性的出击，意料中的全军覆没，使安禄山侥幸成功。不过最有意思的是，当安禄山攻陷潼关、向长安挺进时，边令诚带着皇宫的钥匙第一个向叛军投降。

监军宦官并不能如所预期的防止统帅叛变，只会诬陷统帅叛变，或把统帅逼反。扑灭安史兵变的大将仆固怀恩，一门之中为国捐躯46人，女儿也为了国家的和亲政策远嫁到回纥汗国。但他得罪了宦官骆俸先，于是骆俸先密告他谋反。仆固怀恩发觉之后，不愿做高仙芝第二，只好选择叛变才能自存。昭义监军宦官刘承恩经常凌辱节度使刘悟，甚至计划绑架他。刘悟在忍无可忍之余逮捕刘承恩，发兵和中央对抗。同华节度使周智光索性把监军宦官张志诚杀掉，声明说："仆固怀恩本来不反，被你们逼反。我本来也不反，今天为你而反。"

唐宪宗李纯即位后，唐王朝呈现中兴气象，藩镇割据的局面有所缓和，中央政府的权威大大增长，连"河朔四镇"也陆续归附中央。四镇之一的成德节度使李宝臣征讨有功，李纯特派敕使宦官马承倩前往慰劳。马承倩临返长安的前夕，李宝臣亲自到旅舍致谢，并送礼物绸缎一百匹。河朔地瘠民贫，搜括不出多少财物，这已是超级重礼了，但马承倩却嫌太少，把礼物抛掷道旁，大骂而去。监军宦员的贪暴和跋扈可见一斑。李宝臣无法忍受这样的羞辱，决心脱离中央。

宦官的暴行得不到有效的制止，因为昏暴的皇帝坚定地相信他，于是宦官的暴行不但公开而且合法。凡不能使宦官满足的物件，随时都会发现忽然陷入"谋反"的巨案。虽然大臣们不断向皇帝建议加以约束，但皇帝都听不进去，连本来很英明的唐宪宗李纯也不承认宦官诬陷过大臣。他说："宦官怎么敢诬陷大臣？即令有什么谗言，当皇帝的也不会听。"还得意洋洋地宣称："宦官不过是一个家奴，为了方便，差使他们跑腿而已。如果违法乱纪，除掉他们就跟拔掉一根毫毛一样。"李纯夸口后不久，即被宦官陈弘志谋杀，昙花一现的"中兴"也随着李纯的暴死成了昨日黄花，藩镇再度专横割据如故。

唐代宗李适在位时，泾原兵变，李适对统军将领疑心更重，于是把禁卫军交给宦官统领，两军统领也由宦官充任。这是一个划时代的措施，从此禁卫军掌握在宦官手中，形势为之一变。宦官长期统领禁卫军，这支军队事实上成了他的亲军，亲军对统帅的支持力又远远大于皇帝和国家，因此皇帝是不可能取得禁卫军的合作的。宦官因有军队的支援，皇帝不但动不了他，他反而可以随时动动皇帝。因此，宦官的权力更为广泛且巩固。到了唐王朝的后期，执掌禁卫军的宦官几乎成了实际上的皇帝，皇帝则是他手中的一个傀儡。

宦官掌握军权之初，对皇帝还存有敬畏，但时间累积下来，宦官在禁卫军中布置成熟，培植下不可动摇的势力之后，力量的天平就会发生有利于宦官的倾斜。宪宗李纯死后，为了继位人选，宦官内部发生火拼。右禁卫军统领梁守谦，把左禁卫军统领和他打算拥立的亲王李恽一齐杀掉，改立太子李恒。这是一个更为不祥的开端，继任皇帝不由前任皇帝决定，而由宦官决定。前任皇帝即令生前决定，他死了之后也要经过宦官集团重新审查。皇帝被杀、被立，都身不由己，连自己都不能保护自己，这种现象越到以后越甚。下面把唐王朝后期的几个皇帝的遭遇逐一列举出来，使我们对宦官的巨大权力有一个深刻的印象：

（1）十四任帝李纯：805~820 年在位，为宦官陈弘志所杀；

（2）十五任帝李恒：820~824 年在位，为宦官梁守谦所立；

（3）十六任帝李湛：824~826 年在位，为宦官刘克明所杀；

（4）十七任帝李昂：826~840 年在位，为宦官王守澄所立，在位期间发生"甘露事变"，包括宰相在内的高级官员数千人，被宦官屠杀一空；

（5）十八任帝李炎：840~846 年在位，为宦官仇士良所立；

（6）十九任帝李忱：846~859 年在位，为宦官马元赞所立；

（7）二十任帝李漼：859~873 年在位，为宦官王宗实所立；

（8）二十一任帝李儇：873~888年在位，为宦官刘竹深所立；

（9）二十二任帝李晔：888~904年在位，为宦官杨复恭所立。李晔即位后和宰相韦昭度力谋振作，企图限制宦官权力，结果被宦官联合亲信节度使打得东躲西藏，后被宦官刘季述囚禁，迫他传位给太子李裕，一年后虽被仍然忠于皇帝的宦官救出复位，但已完全被宦官控制。

看了上述这些皇帝的遭遇后，也许有人要问，禁卫军历来都有统领，他们为何没有构成对皇帝的威胁，而宦官掌握禁卫军后却可以随意废立皇帝，难道非宦官统领的能力不如宦官吗？回答当然是否定的，非宦官统领的能力应该高于宦官，但他们多少有点原则和节操，为人处世比较注意社会舆论的反映，也会顾及行为的后果，不会轻易去犯叛逆大罪，一旦失败不但身败名裂，还会株连九族。宦官则连最起码的节操都没有，行动起来也会不顾后果，因为他们本来就没有名声可败坏且没有亲属可株连，因此他们掌握军权的危险性比正常人要大得多。可见皇帝当初为了防止武人干政而把军权授予宦官等于是用毒蛇来替代老虎，后者的危害比前者要大得多。

宦官专政使一度强盛并给世界带来巨大震撼的唐王朝朝纲紊乱，像一个奄奄待毙的病人苟延残喘，最终酿成黄巾民变后最大的一次农民暴动。农民领袖黄巢在对富庶的江南和中原做彻底的破坏之后，挥师西向，攻陷了唐帝国的首都长安，禧宗李儇沿着李隆基当年逃亡的老路再度逃往四川。这场惊天动地的农民抗暴虽然最后被平定下去，但中国已支离破碎，农村遭到彻底的破坏，所有藩镇无一例外脱离中央自行割据，互相攻战更烈。皇帝命令不出首都长安，宰相和宦官分别跟藩镇首领勾结，各人寻找各人的利害关系。唐王朝已名存实亡，剩下的日子进入了倒计时。

当宦官把唐王朝往坟墓里推进时，自己也在亦步亦趋地向坟墓跟进。李晔复位后，宰相崔胤建议皇帝乘着这个

机会使禁卫军摆脱宦官的掌握，任命正规军出身的将领担任司令官。李晔不肯接受，表面上是顾及骤然间改变百余年的传统会招致强烈反应，实际上他仍然觉得宦官比任何人都可靠，家奴总是家奴，只要任用驯服的家奴就行了。于是他任命最亲信的宦官韩全海、张彦弘接任左右军司令官。

宦官对差点剥夺了他们军权的崔胤恨之入骨，他们勾结凤翔节度使李茂贞作为外援，准备向崔胤下手。崔胤也知道自己的危机，就向节度使朱温靠近。崔胤给朱温写信说奉有皇帝密旨，命朱温发兵救驾。朱温，这个地痞流氓出身的恶棍一把抓住这个上天掉下的机会，立即统军西上。韩全海得到消息，强迫李晔投奔凤翔。朱温围攻凤翔，凤翔坚守两年，可怕的饥饿使它不能支持。903年，李茂贞只好把韩全海、张彦弘杀掉，跟朱温和解，送李晔回长安。朱温迅雷不及掩耳地派军进入皇宫，对宦官做彻底的屠杀，包括新任命的两位禁卫统领和大多数无权无势也属于被迫害的小宦官在内，共五千余人，全部死在乱刀之下。派往各藩镇担任监军的宦官，朱温也命李晔下令，一律就地处决。宦官专政随之到此结束。有谁会想到，在中国历史上极负盛名的大唐盛世却在宦官的控制下走过了百年沧桑。

陈圆圆不是红颜祸水

传说明朝末年南京秦淮河畔有八位才貌俱佳的名妓，陈圆圆是其中之一，她有个相好的叫杨友龙，两人已到了谈婚论嫁的地步。这时国丈田畹到南海普陀山烧香许愿回来，路过南京，看到圆圆长得漂亮，就以皇帝欲招秀女充实后宫为由，强行将其带走。杨友龙得此消息后，就组织一帮弟兄途中截击，不料田畹早就做了防备，让陈圆圆乘商船先走，杨友龙劫去的是别人。为此杨遭了场官司，被说成强抢民女，关在狱中，愤愤而死。

田畹把陈圆圆带到北京，原想自纳为姜，后来看到圆圆烈性似火，恐难驾驭，又听皇后说，崇祯皇帝在战场上，屡次被李自成的农民军打败，心情烦躁，责备大臣无能，国戚无力，尤对田畹指责颇多。田畹为了保住荣华富贵，就忍痛割爱把圆圆献给皇帝。

山海关总兵吴三桂是个好色之徒，听说田国丈从江南带回一个绝色美人，就前去拜访，并直截了当请求赐陈圆圆为姜，得知圆圆已到了皇宫，心里很不是滋味。

李自成的兵马已攻破直隶，眼看就要打进北京城，崇祯皇帝心急如火，忙召集军事会议，此时他对于后宫的国色天香已不感兴趣，对新来的陈圆圆也放置一边，现在他需要的是江山，而不是美人。这天他特意宴请吴三桂、田畹等武将文臣，研究战况，并破例让他的宫女、嫔妃分别为大臣敬酒。田畹小声对吴三桂说：穿青袄白裙者就是陈圆圆。吴举目相望，觉得陈圆圆似仙女下凡，待陈端酒敬献时，吴三桂乘机抓住圆圆纤纤玉手久久不放。陈圆圆窘得满脸通红，却不好发作。这一切均被崇祯看在眼中，眼下正是用人之际，他即刻下令，将陈圆圆赐给吴三桂为妾。吴三桂大喜，忙向崇祯叩头谢恩，表示自己一定尽忠保国，陈圆圆也向皇帝谢恩。当晚，吴三桂就将陈圆圆带到父亲吴襄在京的家中完婚。吴三桂回山海关，欲带陈圆圆同去，陈圆圆要求留在京城做人质，得到了崇祯皇帝的批准，住在吴襄处。

不久李自成打进北京，吴三桂观望不前，吴襄、田畹相继投降，崇祯只好自杀。李自成做了大顺皇帝，他的大将刘宗敏住在田畹家，田畹怕被揪斗，就敬献美女陈圆圆，刘宗敏即到吴襄家强取，吴襄怕得罪新贵，不敢保护儿媳。陈圆圆则视死如归，跟随刘将军到李自成后宫。皇后高桂英早就知道陈圆圆能歌善舞，就让她弹唱一曲。陈圆圆弹唱了一首苏州评弹，高后觉得软绵绵的，极不入耳，于是自演一曲陕北民歌。陈圆圆说："此曲只应天上有，我们南方比不了，大顺江山万万年，三桂归降在今朝。"李自成、高桂英大喜，就让陈圆圆、吴襄策反吴三桂。

吴三桂接到父亲来信后，即准备到北京去，途中遇到了田畹家人，说大顺终日拷打明朝旧臣，逼他们交出赃银，田大人被整得倾家荡产，陈圆圆在大顺宫受尽凌辱。吴三桂义愤填膺，他想：到了京城，我可能成为田畹第二，不如引清兵入关，如以大兵压境，谅他李自成也不敢小视于我，届时自会将陈圆圆送来。正如当时清诗人吴伟业在《圆圆曲》中所说"恸哭六军俱缟素，冲冠一怒为红颜"。李自成见吴三桂攻打北京，忙绑着吴襄让其在城楼上喊话，要吴三桂立即投降，吴三桂则破口大骂，李自成大怒之下，吴襄人头落地。李自成又押解陈圆圆让其招降。陈圆圆说："我虽娼妓，但仰慕大王，并愿追随终生。吴三桂本想投降，后听了谣言以为我被奸污，方

来兴兵。现在两军士气正浓，此时城楼喊话，吴三桂的兵将是不会投降的。请大王想想，贵军兵力能否战胜他们。如能，请大王带上我转战南北，我伺机向吴三桂进言，促其归顺。如大王兵力不足，难以取胜，可把我作为人质，留我在京城，可以稳住他们。"

李自成觉得陈圆圆的话很有道理，就率军撤出北京城。吴三桂及清兵见京城空虚，就乘势占领了北京，并见到了陈圆圆。两人相见，分外激动，吴三桂欲乘胜追击，斩杀农民军，报杀父之仇。陈圆圆则审时度势，劝其不可妄动。陈圆圆说："俗话说穷寇莫追，给李一条生路，好保存自己实力，清廷必倚重和顾虑，否则鸟尽弓藏，自己失去利用价值，届时明朝遗老、遗少亦会恨你引清兵入关，亡明社稷，成为千古罪人。"吴三桂见她如此高见，处处想着自家，哪有不依从之理，于是守京以待清帝。

后来吴三桂被清人封为平西王，驻守昆明，陈圆圆也当上了王妃，荣华至极。再后来吴三桂欲当皇帝，陈圆圆劝阻无效，愤愤而死。临死前陈圆圆作诗一首，以述情怀，诗曰："旧日繁华事尽删，春秋愁锁两眉弯，珠襦已分藏棺底，金碗犹能出世间，离合惊心悲画角，兴亡遗恨记红颜，看他跋息终何益？宝殿飘零翠瓦斑。"

陈圆圆左右于明崇祯皇帝、大顺李自成皇帝、周王吴三桂之间，曾做过三个皇帝的红颜，享尽荣华，但毫发未损。她改变了历史进程，在历史的紧要关头，吴三桂"冲冠一怒为红颜"，引清兵入关，致大顺、大明两个皇朝于死地，故人们听唱《圆圆曲》后，总要骂声红颜祸水。

事实查《辞海》："陈圆圆，明清之际人，本姓邢，名沅，字芬，为苏州名妓，善歌舞，吴三桂纳为妾。吴三桂出镇山海关，李自成农民军攻克北京时，她曾被俘。吴三桂降清，清军攻陷北京，陈圆圆仍归吴三桂。她跟随吴三桂至云南，晚年为女道士，改名寂静，字玉庵。"

吴三桂（1612~1678年），明清之际高邮人，辽阳籍，字长白，武举出身，因父荫袭军官，明末任辽东总兵，封西平伯，驻防山海关。李自成克北京，招他投降，不从，他反致书多尔衮引清兵入关，受封为平西王；又为清兵先驱，镇压陕西、四川等地农民起义军，后会同多铎等进攻南明云贵地区，杀明永历帝，后来奉命镇守云南，拥兵自重。清圣祖为加强统一，下令撤藩，康熙十二年（1673 年），他举兵叛乱，自称周王，康熙十七年在衡州（今湖南衡阳）称帝，国号大周，建元昭武，不久病死，孙世璠继位，后来被清所灭。而杨友龙，史实查无此人。

可见，陈圆圆与杨友龙恋爱故事并不存在。《明史·庄烈帝本纪》称：崇祯在位 17 年"不迩声色，忧勤惕励，惮心治理"，未选宫妃陈圆圆到京。崇祯赐陈圆圆给吴三桂，不是事实。陈圆圆与吴三桂却是夫妻（妾）关系。吴三桂是关键时刻的关键人物，他一生可分"明末悍将""清藩王""独树一帜"三部曲。按照明朝制度，大将在外打仗，其家属要留在京师，名义上是保护将军家属安全，实际上是控制，当成人质。

吴三桂驻守山海关，直接与清兵对抗，父吴襄、妾陈圆圆寄居北京，并无不当。传说是陈圆圆建议将自己充当人质，要求崇祯逼迫吴三桂效忠大明，不符合事实。李自成打进北京掠去吴襄和陈圆圆，他派明朝降将携吴襄的招降书给吴三桂，这些都是事实。《清史稿》记载："自成胁襄以书招之，令通（明降将唐通）以银四万犒师，遣别将率两万人代三桂守关。三桂引兵西，至滦州，闻其妾陈（圆圆）为自成将刘宗敏掠去，怒，还击破自成所遣守关将；遣副将杨申、游击郭云龙上书睿亲王（多尔衮）乞师。王方西征"后来吴三桂引清兵入关，吴襄全家被屠，吴三桂当了 36 年清朝藩王后，又举兵反清，自立为帝。清平叛后，吴三桂的儿孙妻妾被凌迟处死。有一首诗概括其一生："李陵心事久风尘，三十年来诅卧薪，复楚未能先覆楚，帝秦何必又亡秦。丹心早为红颜改，青史难宽白发人。永夜角声应不寐，哪堪思子又思亲。"此诗除过分强调红颜外，余皆确实之论。吴三桂引清兵入关，并非"冲冠一怒为红颜"，而是效春秋时申包青救楚，为明平闯是忠，舍父讨贼是义，"克复神京，功在唐郭（子仪）李（光弼）之上。"但是清朝多尔衮不是春秋时的秦哀公，他利用吴报"君父大仇"的心理，让他"为王前驱"，致使吴三桂越滑越远，终于一步步变成最大的汉族降臣。吴三桂当了清藩王后"骄悠尤甚"，康熙十二年（1673 年）吴上疏试探，请求移藩，得到批准后，吴大为失望，谋划叛乱，自称周王天下都招讨兵马大元帅。为利益驱动，吴三桂事明叛明，降清叛清。但是吴三桂的罪孽，不能强加在陈圆圆身上。

　　从传说到史实，均说陈圆圆是妓女出身，地位低下，任人摆布，她成为吴三桂的姜，被李自成俘虏均身不由己，哪能与叱咤风云、左右政局的吴、李相比？吴三桂引清兵入关，陈圆圆未参与其事，传说和史实均未记载她助纣为虐，怎能说她是红颜祸水？关于陈圆圆其人，历史学家有两种说法，一是以文学家、小说《李自成》作者姚雪垠为代表，坚持清军入关前陈圆圆就死了；另一种说法，陈圆圆随同吴三桂当上了平西王妃，后来出家做了道姑。两种说法都证明一事，陈圆圆未参与政事。改变明末清初历史，陈无能为力，即使规劝吴三桂，陈圆圆也力不从心。

　　吴三桂当上平西王后，陈对吴说："少年时，自顾姿容，亦颇不陋，常有非分妄想"，"身为王妃，安荣已极"。她对吴三桂引清兵入关而得到的一切，曾能知足，亦规劝吴"功成隐退"。但是吴三桂对爱妾的规劝无动于衷，他不顾红颜的感受，"还企图永久坐镇"。陈圆圆知道他权欲膨胀，不可救药，他虽爱美人但更爱自立为帝。为自身计，陈圆圆向吴三桂提出："妾闻知足不辱，知止不殆，长此奢华，恐遭天忌，愿王爷赐一净室，妾茹素修斋，得终天年，实为万幸！"吴不愿放弃权力，也说服不了陈圆圆共用富贵，就成全了她。

　　陈圆圆出家处遗迹尚在，就在昆明。她先到北门随玉林国师学道，道号寂静，后到西郊三圣庵任住持。庵内有一楹联，上联曰："尘劫中不昧本来，朗月仍辉性海；"下联为："迷障里能开觉悟，净蓬更出污泥。"横匾为："园花寂静"。这确是陈圆圆晚年生活写照。昆明莲花池，尚有她的遗迹：梳妆台。

陈圆圆之死，有两种说法：一说她病逝，吴三桂命葬在商山寺旁；一说"辛酉，城陷，圆圆自沉莲花池"。持后一说法的是清道光年间陈文述，他在《颐道堂诗选》序中说："阮福至商山寺莲花池考察陈圆圆墓，并得滇中耆老相传之文献，诗述圆圆最后事实信而有证，可与吴梅村圆圆曲并传。"

从上述史实看：陈圆圆确有其人，确是吴三桂之妾，但她在历史紧要关头，并没有"夫唱妇随"、助纣为虐。吴三桂献关投清，她不在吴身边，不知情，不应承担责任；吴三桂由平西王而称帝，她竭力劝阻，反对无效则出家做了道姑。她以其独特的传奇故事和反抗方式，赢得世人同情和尊敬，她连同其诗《碗芬集》长传民间。而吴三桂一生大起大落，也以其反复无常、欺世盗名的伪君子形象，被钉在历史的耻辱柱上。他爱美人更爱属于自己的江山，绝不会因美人而放弃自己的江山，也不会"冲冠一怒为红颜"。

财迷和珅的背后

大江东去，浪淘尽，多少千古风流人物都随着滚滚的历史洪流流走了。我们站在历史的岸边，不是对清官对伟大的历史人物顶礼膜拜，也不是对贪官和卑劣的历史人物咬牙切齿，我们要做的是从他们身上吸取经验教训，获得启示。所谓前车之覆，后车之鉴。而要借鉴一个人，我们不得不定位、正确评价一个人，对和珅也应如此。在嘉庆帝宣布的二十条大罪状中，任选一条都足以致和珅于死地，他罪有应得，但我们不能就此将和珅全盘否定，视其一无是处。

有人将和珅称为"贪污之王"，有之称之为"巨贪奸相"，林林总总的头衔和珅戴了一大堆。从和珅用白绫结束性命至今，人们津津乐道的是和珅的家产、贪污奢侈生活，以及其专横跋扈、权倾一时，很少发掘和珅的正面意义。没有人重视和珅的智慧、才华，更不会有人从大的时代背景下去考虑和珅的处境，更不会认为和珅事实上乃是一个悲剧人物。我们应该用公正的眼光去看待历史以及其中的历史人物，并从中得到借鉴与启示。

首先，和珅不管是好是坏，总归他具有足够的聪明才智和智慧，他绝对是一个办事干练、有才能的人，就连嘉庆也不得不承认和珅"精明敏捷，原不微劳虑录，是以皇考高宗纯皇帝另以厚恩"。我们姑且放开马佳氏的传说和野史中关于乾隆、和珅大谈同性之恋的传说，和珅能在官场驾轻就熟，在名士如林的朝廷横空出世，并非没道理。和珅虽出身贫寒，但受到了良好而系统的正规教育，这使得他能够随心所欲地应付各种突发场面。

和珅精通数种语言，他"承训书谕，兼通满汉"，"清文、汉文、蒙古、西番、颇通大意"。意为和珅兼通满汉、蒙古、藏文等多种语言。在乾隆《平定廓尔五功臣图赞》中有乾隆注："去岁（乾隆五十六年，1791年）用兵之际，所有指示权宜，第每兼用清、汉文。此分颁给达赖喇嘛，及传谕廓尔喀敕书，唯和珅承旨书谕，俱能办理秩如。"如此说来，乾隆依赖和珅办事，确因和珅实有其才。

也许是因和珅独通数门语言的缘故，致使乾隆完全依赖和珅，事实上和珅亦不辱使命。在接待英使马戛尔尼时，和珅以丰俭适中、不卑不亢的原则应付，叮嘱手下"一切款待，因不可踵事增华……亦不可过于简略，致为远人所轻"；"因不可意有阮忽，亦不可张大其事。"与日后清廷动辄丧权辱国相比，和珅是不是应该被捧上天？英国使节马戛尔尼事后也称赞和珅"外频恭谨异常""颇悦客气"，但遇到原则问题"亦不肯应允"。由此可见，和珅并非一钱不值。

和珅从小受到儒家文化的熏陶，忠、孝、仁、义、礼、智、信，他学过；克己复礼、公而忘私、济世救民，他崇尚过；入仕为官后也做过一些实事，对侍奉自己的主子也可以说是尽职尽责了。如果掌握大权的他能始终保持廉洁自律，勤政爱民，那就不仅是清王朝的福祉，也是千千万万大清子民的福祉了。然而乾隆晚期贪风盛行，贪官污吏漫其境界，和珅做不到出污泥而不染。他是一个精明的人，他知道举世皆浊我独清、不如不清，众人皆醉我独醒、不如不醒的道理，所以他人在江湖身不由己！不贪，不同流合污，他就别想在官场上游刃有余。他太善于与时俱进了，他看到了在那样一个盛世里，又没有真正发挥作用的监督机制，不贪白不贪。于是他怎么也做不到用自己的左手自律自己的右手，"你不要贪，你不要拿"。和珅毕竟是凡人，他不是用特别材料制成的，他的爹娘从娘胎里就没有教他要管好自己的私欲的本事，因为他的爹娘是凡夫俗子，本身就没这本事。人世间有这本事的人太少了，所以和珅的贪本身就是人性恶的一面的流露，人不为己，天诛地灭，逐渐地他就由小贪到大贪，由大贪变巨贪。和珅是出于人的本能而贪的，这是他失控的人性本能所犯的错！从人性上看，他没有做到扬善抑恶。

人生在世谁能无过，孔圣人都有错的时候，更何况和珅。人生之大幸莫过于有几个敢于不失时机地给自己指出正误的良师益友。指出了错误，知错能改，善莫大焉。唐朝有个唐太宗，为了权力他可以杀兄诛弟，迫父让位，因此他本来也不是一个圣贤之辈。后来他做了皇帝，得到一个魏征，给他"正衣冠"，他少犯了不少错，成就了贞观之治，造福了百姓，留下了英名。可以设想如果没有得到魏征这样的敢于冒死上谏的大臣，如果唐太宗没有从谏如流的个人作风，唐太宗就成不了唐太宗了，因此得到魏征是唐太宗的幸运。可是和珅呢？他位在一人之下万人之上，被人称为"二皇帝"，即使他也善于听取别人的批评意见，又有谁愿意冒得罪权贵之风险，为和珅指出错误？那些御史们写过几本奏折让和珅知错能改？即使写了奏折，当时的体制又怎能让上书人的意见"悉达天听"呢？官场上望风使舵，趋炎附势，首鼠两端，锦上添花的人比比皆是，和珅纵有千万错，难遇知己指迷途！和坤只能在错误的路上越走越远了。和珅的结局不是他的错，是腐败官风之错！他的命运是社会悲剧，在那个社会，即使不出和珅，也会有李珅、张珅之流。

　　人总是爱听好话的，良药往往苦口，忠言也总逆耳，于是乎忠臣常不得善终，和珅深谙此道。随波逐流，以龙颜之变为处事之变成了和珅为官之大道。乾隆在中国古代算是有作为的帝王，可总是逃不了骄纵虚妄的帝王之风。在他看来，早期的勤政，换来了十全武功，太平盛事，四海来朝，晚年也该享受了，毕竟人生苦短啊！乾隆越来越喜欢听赞美，追求排场与奢侈。做了几十年的奴仆，和珅太了解自己的皇上了，投其所好，想其所想，为其所欲为，弄得乾隆越发离不开这个好奴才，以至于乾隆把自己心爱的女儿下嫁给了和珅的儿子丰绅殷德。婚姻在政治家的眼里往往是政治上结成同盟、化敌为友、扩充实力、攀龙附凤、提高身价的有效手段，但是乾隆没有必要去讨好和珅，他只是要和珅感到，他走狗般的忠诚主人没有忘记。而对于和珅来说却是皇恩浩荡！君臣关系又加上了亲家关系，这样的结果和珅真是求之不得，和珅借此在政治上飘飘然了。

　　和珅乃一人之下、万人之上的权臣，但毕竟还有一个在他之上，那就是乾隆。如果要追究责任的话，和珅最多只是从犯，而乾隆帮忙是首犯。正如清史学家萧一山所说："弘历之于和珅，不过使贪使诈，如古之俳优弄臣，初未依为股肱。虽明知其骄横跋扈，亦怜异优容，不暇切责，殊不知庇奸才襄民，自隳国威，清运盛衰，即以此为最大关键也。"和珅不过是乾隆的代言人罢了，他的所作所为全在乾隆阴影的笼罩之下。我们看看和珅年谱即可得知，在乾隆不顺的时候，和珅照样被贬。乾隆三十四年，"珅以扶同瞻徇降二级留任"。乾隆五十六年，珅因审讯护军海旺等人盗窃库银一案拟罪纵，又加之和珅本人为管库大臣，又被降职使用。乾隆五十九年，因吉林人参阙库额，命军机大臣缮写原因，和珅瞻顾迁延，未及时上报，乾隆责之，降二级留用。乾隆六十年，和珅任殿试读卷官，教习悉考士，因告吉图也北布凶杀案未置奏，又因廷试或举发策，和珅上奏不实，"护述掩非"降三级留任。由此可见，和珅不过是乾隆脚底的皮球，乾隆想踢开时便踢开。况且，正如吴熊光所言，"和珅贪纵罪不容诛，若谓有歹心，臣不敢附和。上云何以见得？熊光奏：凡怀不轨者，必先收拾人心，和珅则满汉几无一归附者。即使伊心中怀不轨，谁肯从之。"由此可见，和珅并未结党营私，换句话说，他并无反意。即使如此，和珅其罪仍然当诛，因为他侵犯了稳定的封建统治秩序，和珅虽然被一条白绫带走了性命，但留下的启示是深远的，那就是洁身自好永远是做人之本。

　　官场乃是非场，团结人是最重要的。由吴熊光奏章中"满汉几无一归附者"，可以看出和珅过于恃宠自傲，满朝文武都与他为敌。这样一来，当他倒台的时候，墙倒众人推，只要稍有闪失自己就会死无葬身之地。就如同花无百日红，今日得宠，明日如何呢？得宠于当今皇上，下一个皇帝呢？和珅还是没认识到自己还是一个奴才，奴才是不能恃功自傲的，通晓多种语言也罢，战功赫赫也罢，天下还是主子的天下。

晚年的乾隆也绝不是老眼昏花，对和珅所为略知一二，但是这样的功臣，这样的重臣，这样的近臣，这样的亲臣，乾隆实在离不开他，果真要处理自己豢养的狗，乾隆老脸又有何光？更重要的是自己还能培养一个对自己知根知底、善于为自己排忧解难、总让自己心情舒畅、有利于自己安度晚年的和珅吗？乾隆没有把握。算了，就让他享点福吧！这么多年鞍前马后实属不易。既然皇帝都由着他，还有哪位大臣敢多管闲事？和珅更是为所欲为了。他哪有那么神明，他只知道逆境的美德是不屈不挠，而不知顺境的美德是自我克制，最后招来杀身之祸。他的人生悲剧在很大程度上是乾隆一手造成的。

权力是政治家的生命，历史上有多少政治家，因权力升迁而踌躇满志，因权力的丧失而耿耿于怀。不在其位不谋其政，权力不用过期作废。和珅知道后一句，却忘了前一句。乾隆老去，今非昔比。和珅的权力引起了新君的不满，再加上嘉庆看不惯和珅的飞扬跋扈，心想：是你做皇帝还是我做皇帝，老是指手画脚。为了搬掉这块绊脚石，乾隆一死，嘉庆就列出了二十条罪状，把和珅送上了黄泉之路。

和珅一生有太多、太多的错，但人之初性本善，和珅的这一切错都不是与生俱来的。如果他遇到一个政治清廉的环境，遇到一个圣明的帝王，遇到一群敢于指正错误的同僚，遇到一种监督有力的监察机制，凭他的才智，他也许是一名清官、好官，至少可以得善终，但是他没有遇到这一切。造成他结局的人性的弱点、官风的堕落、帝王的纵容、权力的斗争本来都可以通过民主监督、依法治国来避免。也并不能说清王朝没有监督，没有法律，但是家天下的体制却使监督形同虚设，皇权凌驾于法律之上。在这种体制下手掌大权的和珅的死就自然在所难免。从这点上说，作为一个掌控政权的高官，是体制断送了他。

人在江湖，身不由己，人在官场，同样身不由己。和珅的亲人也多次劝说和珅早点收手，可是，当时的情景，和珅能撒手而去吗？不能，正所谓："侯门一入深似海。"进入了最高层的官僚网，任何事都变得复杂了，一举一动都会造成全局的影响，那时的和珅不是自己的和珅，不是冯氏的丈夫和珅，而是乾隆的和珅。

悲剧色彩的 "康乾盛世"

中国历史上有三个令人们比较看重的盛世时期，一为西汉文景之治，二为唐初贞观之治，最后一个即为清朝的康乾盛世。随着对历史研究的不断深入，这个说法中的"康乾盛世"确有不少值得商榷之处。相对于汉唐盛世在世界上产生的影响而言，康乾盛世显然被夸大其词了。虚假的繁荣迷惑了中国人的眼睛，自以为自己繁荣富强不需要向别人学习什么，殊不知就是从康熙时欧洲已经开始把中国抛在后面了。当问题真正暴露出来的时候，别人的大炮已经指到鼻子底下了，中国已经没有反应时间了，就等着挨打！

在明代的时候中国已经出现了资本主义萌芽，如果说没有清朝的两百多年统治，中国也许会赶上历史的潮流。所谓的康乾盛世没什么可夸耀的！

康乾盛世，起于康熙二十年（1681 年）平定三藩之乱，止于嘉庆元年（1796 年）川陕楚白莲教起义爆发，持续时间长达 115 年。如果把康乾盛世和三代以降号称盛世的其他各个时期相比较，就会发现，无论是在繁荣的质上还是量上，它都远超过前代，具有历史上罕见的集大成之势。然而，正是在盛世的莺歌燕舞中，一场巨大的历史震荡悄然酝酿，许多不为人注目的细微变化，清晰地预示着未来历史的巨大变迁。

历史学家将康乾盛世称为辉煌，是因为它在政治、经济、文化等诸多方面将中国传统社会推向一个新的高峰，创造了中国历史的奇迹。国家统一的最终完成、社会经济的繁荣、学术文化的集大成趋势是康乾盛世最显著的历史特征。

国家统一，在中国历史上是至高无上的基本原则。然而，在清代以前，统一问题，尤其是边疆少数民族地方政权和中原地区中央政府的关系问题长期没有得到有效解决。像北方游牧民族，自冒顿一统漠北，即在蒙古高原建立相对统一的政权组织，与中原地区相抗衡。元朝有过短暂的大统一，但不久即被推翻，继之而起的明朝，又不得不修长城以御蒙古。只是到了清朝，经过康雍乾三代皇帝七十余年的不懈努力，以乾隆二十四年（公元1759年）统一新疆为标志，终于实现了国家的完全统一，康乾盛世从此达到了繁荣的顶峰，即所谓"鼎盛""全盛"时期。著名学者王鸣盛在《平定准噶尔赋》赞扬清廷"天祚神圣，六合雍和；中外褆福，寰宇一家。文轨齐于要荒，声教讫于幽遐"，即是对这种繁荣景象的生动描述。中国的疆域版图，在这个时期基本奠定下来，这对清朝乃至近现代中华民族抵御列强侵略具有极其重要的深远意义。随着统一进程的加快，从18世纪初康熙四十七年（公元1708年）起，清廷就对全国进行实地测量，到康熙五十七年（公元1718年）绘制成《皇舆全览图》，这是中国第一幅用近代方法测量绘制的全国地图，它不但对中原，而且对边疆地区进行了详尽的测绘。乾隆中叶，清朝统一新疆后，又对伊犁和南疆进行测量。乾隆二十五年（公元1760年），清廷对《皇舆全览图》进行修订增补，将新绘新疆地图增入，称做《乾隆内府舆图》地图，这幅地图可以说是清朝前期国家统一的科学见证。

康乾时期之所以能以盛世得名，在相当程度上是因为这个时期的经济创造了中国传统社会的奇迹：它在承受了前所未有的人口爆炸压力（在盛世时期，中国人口从1亿增至3亿）的同时，满足了清廷日益增加的财富需求，并使经济发达地区百姓生活水准有了明显提高。在康乾时期，政府财政收入在长时期内保持了较高增长，户部存银大幅度增加，像乾隆三十三年（公元1768年）户部存银达7182万两，为乾隆元年（公元1736年）的两倍有余。财政收入增加，使清朝得以发动多次战争消灭分裂势力，维护国家统一，抵御外来侵略，并组织大规模的文化建设工程，推动中国学术文化的繁荣。

学术文化的集大成是康乾时期中国文化的显著趋势。学术在任何时候都是客观社会生活在精神领域的集中体现。与繁荣的社会形势相适应，康乾时期的学术文化表现出全盛之世特有的恢宏气象，以考经证史为重要特色的汉学兴起，推动着学术向集大成方向发展。汉学对清代学术的贡献，不但表现为它彻底结束了宋明理学在学术领域中的独尊地位，也表现为它促使知识界能够彻底地摆脱了元明以来学术研究的空泛之风，开始以科学的态度和严谨的方法，对数千年文化遗产进行系统的考定和整理。康乾时期古籍研究、整理所涉猎的范围异常广泛，包括经学、史学、天文、古算、地理、农学、医学等方面，从比较宽广的范围展现了中国传统文化的博大精深。当然，古籍整理最重要、最具代表性的成果是众所周知的《四库全书》。《四库全书》将中国历代重要典籍完整抄录下来，分编于经、史、子、集四部四十四类之下，内容浩瀚，包罗万千，可以说是中国传统学术文化之总汇。由纪昀等人在此基础上撰写的《四库全书总目提要》，"考古必衷诸是，持论务得其平"，反映了 18 世纪中国学术的最高水准。尽管清廷在编纂《四库全书》过程中存在着删改、销毁"违碍""悖逆"书籍的一面，但毕竟第一次系统地整理了中国古代的典籍和社会思想，故《四库全书》的编纂一直被清代学术界誉为"会诸家之大成，光稽古之圣治"，乃"文治之极隆而儒士之殊荣"。值得充分重视的是：《四库全书》的编纂进一步推动了清朝学术的全面发展，时"海内从风，人文炳蔚，学术昌盛，方驾汉唐"。

尽管康乾盛世是一个辉煌的时代，但也是一个充满悲剧色彩的时代。这种悲剧色彩从两个方面可以清楚看出：一是从 18 世纪末年以后，社会危机不断爆发，昔日繁荣一时的清朝社会很快陷入萧条冷落的"中衰"之中：民众反抗不断，自然灾害频仍，官僚腐败盛行，政府府库空虚，财政困难，"国与民皆患贫，奸伪日滋，祸乱相继，士习益漓，民心益竞，其由来也甚渐，其消息也甚微"，乾隆等人孜孜以求的"持盈保泰"随之成为泡影；二是在中国传统社会空前的大繁荣中，中国落后于西方世界发展水准成为定局，处于落后挨打的悲惨命运实际上是在康乾盛世时期最终注定的。导致清朝盛衰之变的原因很多，但最直接的原因却只有一个，那就是清朝统治者未能、也不可能处理好关系到清代社会发展前途与命运的两个关键问题：一是政治腐败，二是对外关系。

政风好坏，从来都关系到朝代兴亡，盛衰隆替。清朝统治者对政风一直高度重视，想尽办法保持官僚队伍的廉洁与勤政。康熙时代主要通过皇帝亲作表率，宣传理学说教以提高政治队伍的道德素质。雍正则以务实的态度，一方面通过"养廉银"改善官僚待遇，另一方面采取严厉措施，惩治贪官污吏。这些措施在当时都收到了较好的效果。

然而，到乾隆中叶以后，局势为之一变，官僚队伍的腐败一发不可收拾，"大抵为官长者廉耻都丧，贪利是趋"，不但中下级官员纷纷贪污受贿，而且像大学士和珅这样位至"宰辅"、深受皇帝信重的高级官僚，也营私舞弊，贪赃枉法。尽管乾隆厉行惩处，诛杀大批贪官（其中包括不少总督、巡抚等高级官僚），但收效甚微，"诛殛愈众而贪风愈甚，或且惴惴惧罹法网，惟益图攘夺刻剥，多行贿赂，隐为自全之计"。乾隆时期政治腐败愈演愈烈，除了专制独裁政体自身的局限外，还和皇帝本人纵情享乐，以及朝廷不能根据形势需要及时调整政府与官僚利益分配关系有关（如乾隆时期物价上涨，而官僚物质待遇未能及时调整）。此外，清廷惩贪宽严脱节，司法部门不能秉公执法也大大加重了腐败的程度。

腐败必然导致灭亡。在中国历史上，引发盛衰之变，导致社会动荡的根本原因只有一个，那就是政治腐败，而不可能是一些人所鼓吹的政治异己的煽动和策划，或严重的自然灾害。原因很简单，如果普通百姓能安居乐业，那么少数人的煽动不可能使他们轻率地抛弃家产，铤而走险；如果统治者仍具有清醒的头脑，官僚队伍仍保持着严密的组织性和行政效力，那么它更不会在严重的自然灾害面前消极救灾，以致自然灾害"趋饥民为盗贼"。因而，繁荣能维持多久，统治能否长保稳定，关键取决于政权自身的状况。

康乾时期中国社会所处国际环境发生了前所未有的巨

变：在西方世界，产业革命爆发，启蒙运动风行，资产阶级革命风起云涌，欧洲列强凭借自己强大的综合力量，力图按自己的意志重新改造世界；相形之下，中国作为世界大国的国际地位正日渐衰落。尽管康熙以浓厚的兴趣积极向传教士学习天文、数学、医学等方面的知识，乾隆及其皇子也对外国的科学发明保持着相当的兴趣，对西洋的军舰尤其印象深刻，而清廷"钦天监用西洋人，累进为监正、监副，相继不绝"，但是西方列强侵略的严重危险，沙俄对中国领土的侵略，对分裂势力的支持，促使清朝统治者不得不采取措施加强对陆疆的防御。而对海上殖民势力的威胁，清朝也深感忧虑。面对海上殖民势力的不断进逼，康熙强调"海防为要"，"凡事不可小视，往往因小失大"，预言："通海口子甚多，此时无碍，若千百年后，中国必受其害矣"，即生动地反映了清廷对西方侵略的担心。

面对严峻的国际形势，清朝统治者的处理是十分简单的，那就是尽量减少和西方的往来，在厉禁天主教传播以后，又实行严格的限关政策，所谓"非我族类，其心必异，利之所在，瑕衅易滋"，于是更定章程，千方百计将洋船限制在广州。随之而来，中西交流增添了障碍，大清帝国虽然凭借其统一的雄姿，繁荣的形势，辽阔的领土，众多的人口，在短期内保持住了作为东方大国的虚假形象，但与发达国家的距离实际上已经越拉越大。虽说中国的落后不始于清朝，但说清朝统治者所推行的闭关政策加快了落后进程、加深了落后程度无论如何是不过分的。故当 1793 年英使马戛尔尼来华时，他就敏锐地察觉到了清朝的衰落，将之视为"一艘破烂不堪的头等战舰"，预言它迟早会"不再有纪律和安全"，"英国从这一变化中将比任何其他国家得到更多的好处"。果然，康乾盛世结束后不到半个世纪，鸦片战争就爆发了，中国随之陷于丧权辱国的苦难深渊。

康乾盛世的结束，用事实告诉人们：封闭的传统、文化形态、经济模式虽然可以造就出持续的繁荣景象，却无法克服自身固有的历史局限，无法摆脱盛衰之变的恶性循环，更无法应付充满竞争的世界一体化浪潮。中华民族要走向复兴，必须在驳斥封建传统的基础上，寻求新的发展途径。

第五章
众听与杂说

在纷纭反复间前进的历史中,每一部历史都是由改朝换代的胜利者组织纂写的。由于政治上的需要,为了突出自己的文治武功,不免要对被它推翻的王朝曲笔删改,由此就呈现出一种错综复杂、纷纭繁复的历史,所以也给后人留下了众多的疑案和谜案。因此,这就要求我们在审读历史时,应该本着尊重史实的精神,对其进行科学的探究,从而拨开层层迷雾,透视其本来面目,以辨清那些众听与杂说中的历史真相。

孟姜女是怎样被"移民"的

　　"孟姜女哭长城"的故事是我国流传最广的民间传说之一，两千多年来，它口耳相授、著之典籍、被之管弦、演于戏剧，直至今天搬上荧幕，以多种样式的媒体传布，几乎是家喻户晓，妇孺皆知。人们借由这个传说，控诉了惨无人道、摧残幸福的暴政，歌颂了坚贞不渝、感天动地的爱情。人们在认识这个传说的时候，往往受故事内容的影响，认为这个传说发生在秦代，地点是在长城一带等。殊不知这个传说是由一段史实加工演变而成的，它的原型就在我国山东淄博临淄，来源于祀梁妻的故事。

　　让我们先来看看被演变后的孟姜女。传说，秦朝仪征北门，有个姓孟的和姓姜的两户瓜农，两家田靠田，每到种瓜季节，都种上西瓜。有个西瓜长得特别大，瓜躺在孟家田里，但根却长在姜家地里，两家都说大西瓜是自家的。县太爷断案，将这个瓜一劈两半，孟、姜各拿一半。西瓜劈开后，突然跳出一个小女孩，孟、姜两家共同将其抚养，起名为"孟姜女"。

　　孟姜女从小聪明、懂事，对孟、姜两家老人非常孝顺，平时吃苦耐劳、生活俭朴，很有毅力。随着时光推移，孟姜女长大成人，许多年轻小伙子都爱慕她，托人到孟、姜两家求婚。有个读书人叫万喜良，长得又高又大，文武双全，是当地很有名气的孝子义士，孟姜女看中了他，不久两人就结婚了。

　　婚宴相当隆重，孟、姜、万三家亲朋好友都来了，四邻也相邀赴宴，孟姜女稍作化妆，就像仙女下凡一样，楚楚动人；万喜良坚毅、刚强，处处现出青春活力和男子汉的气概，参加婚礼的人都说他俩是天上一对，地下一双。

突然，远处来了三个骑马的官吏，走到万喜良家门口停下，领头的一个高举圣旨，向参加婚宴的人宣读："为了抗击胡人入侵，皇帝决定修筑长城，每户人家抽一名壮丁服役，限一日内到县衙报到，违令者斩。"

洞房花烛夜，万喜良、孟姜女却高兴不起来。两人海誓山盟，滴血为凭，"在天愿做比翼鸟，在地愿为连理枝"。为了对方，再苦再累，痛苦再大，也要顽强地活下去。二人相依相偎，卿卿我我，恩恩爱爱。这一切都被万喜良家楼阁上布帛绘制的神像"小白龙"看得清清楚楚，听得真真切切。小白龙不由吟诗一首："一日夫妻百日恩，感天动地泣鬼神，白龙随主赴长城，敢叫鸳鸯不离分。"万喜良、孟姜女听了非常兴奋，忙爬上楼阁，对神像里的小白龙叩头。

第二天万喜良随同壮丁到县里集合后，即开始北上。万喜良爱恋新婚妻子，当晚就骑着小白龙回家，夫妻俩亲亲密密，缠缠绵绵。第三天一早，万喜良又随白龙回到戍边途中，从此早出晚归。一日，万喜良一行登上了长城建筑工地。这时北风劲吹，雪花飞舞，工地内外，一片银色。夜里，小白龙飞越黄河，万喜良见大河冰封，天地一色，回家后即把雪中景色告之孟姜女，孟姜女也想看看长城工地。第二天一早，两人共驾白龙，飞奔向北，还未行满一里，只见白龙气喘吁吁，浑身是汗，孟姜女赶紧下来，万喜良乘着白龙，继续向北飞行。孟姜女步行回家后，一直担心白龙的身体和喜良的安全。当晚万喜良和白龙没有回家，第二天仍未回家，以后一直没有回家，从此，杳无音讯。

此时已是隆冬时节，天寒地冻，滴水成冰。孟姜女想：长城气候肯定比仪征要冷，万喜良带的棉衣、棉裤、棉鞋在南方可以御寒，在北方势必受冻。于是她将自己一针一线亲手做的厚实棉衣、棉裤、棉鞋捆到包里，又带了些吃食干粮，辞别了父母双亲，向北往长城方向走去。踏遍千山万水，历经千辛万苦，孟姜女终于登上了长城。

孟姜女在长城工地上，一个地方一个地方地打听，都未找到万喜良，却听到一则故事。有个筑长城的壮丁，活活地累死了，临死的时候还在衣服上写了首古诗，诗句壮丁们看不懂，找人翻成白话文，诗曰："天马去匆匆，佳梦留心中，阴阳难阻隔，来世重相逢。"孟姜女想：可能万喜良出事了，难道因为他白天做苦工，晚上回家陪伴我，体力大损，所以……孟姜女对死者临终所作的诗做了分析，越分析越觉得这首诗就是万喜良写的。为躲过秦始皇的文字狱，把神像小白龙比喻成天马，把孟姓用谐音说成梦。她最后终于打听到：万喜良早已尸埋长城脚下。她悲恸欲绝，哭了三天三夜，泪水像涛涛的江河，竟然冲垮了长城。孟姜女哭倒长城后，官吏们立即上报，秦始皇知道此事后，就亲自到长城办案。结果他见孟姜女美貌无双，就想强娶孟姜女做妃子。孟姜女坚决不从，以死抗争，并痛斥秦始皇暴君暴政。秦始皇恼羞成怒，叫兵士前去捉拿，孟姜女威武不屈，最后撞长城而死。人们为了纪念孟姜女，在长城上为她建庙，两千年来，每天都有祭祀，一直不断。

而历史上有关孟姜女的史料记载，最早出现在《左传》，书中写道：春秋时期，诸侯林立，互相攻战不休。公元前550年，齐庄公率领齐军袭击莒国，齐国的大夫祀梁在战斗中阵亡。齐庄公回到齐国都城郊外，见到了祀梁的妻子，要同她吊祭她战死的丈夫。祀梁之妻不愿意在城郊同他吊祭祀梁，齐庄公只好到祀梁家中吊祭。《左传》所述的祀梁，叫范祀梁，有的戏剧称其为万祀梁，祀梁妻姓名是什么，书中没有交代。

到了战国时期，这个故事有了初步发展。《礼记·檀弓》中提到了祀梁之妻："迎其枢于路，而哭之哀。"《孟子》中又说："祀梁之妻，善哭其夫，而变国俗。"

西汉以后，故事有了进一步发展。西汉刘向在《说苑》一书中说：杞梁作战勇敢，杀了 27 个敌人之后不幸战死。杞梁的妻子听说丈夫死了，悲愤而哭，以致城墙摇晃，城墙的一个角落竟被哭塌了。《列女传》说得更加详细生动："杞梁的妻子没有孩子，娘、婆两家也没有亲属可以投靠，她就伏在丈夫尸体上痛哭，诉说她家的不幸遭遇，过路的人听说此事，没有人不为她掉眼泪的。杞梁妻哭了十天十夜，感动了天地，把城墙都哭崩塌了。"

到了唐朝，杞梁之妻就变成了孟姜女。唐《敦煌曲子词集》有一首词，词牌名曰《操练子》。这首词写道："孟姜女，杞梁妻，一去烟山更不归，造得寒衣无人送，不免自家送征衣。长城路，实难行，乳酪山下雪纷纷。"到了唐末，就把孟姜女送寒衣定在秦始皇修筑万里长城这个时候。唐末、五代前蜀时，和尚诗人贯休写了一首诗："秦之无道兮四海枯，筑长城兮遮北胡。筑人筑土一万里，杞梁贞妇啼呜呜。上无父兮中无夫，下无子兮孤复孤。一号城崩寒色苦，再号杞梁骨出土。疲魂饥魄相逐归，陌上少年莫相非。"到此，孟姜女故事的基本雏形已定型。

到了宋朝，孟姜女的故事各地广为流传，产生了《孟姜女补》《孟姜女哭长城》等话本。元明清以后，人们利用话本、杂剧万唱词、小曲等文艺形式说唱孟姜女的故事。到了现代，1928 年国立广州中山大学语言历史系研究所出版了顾颉刚编著的《孟姜女故事研究集》后，孟姜女故事更是家喻户晓。人们在茶余饭后，有意无意地哼唱孟姜女小调："正月里来是新春，家家户户点红灯，人家夫妻团圆聚，孟姜女丈夫筑长城。"

从孟姜女故事传说发展的来龙去脉可以看出：孟姜女经过各朝各代的不断加工与演绎，已成一个虚构的人物。在《孟姜女》中，孟姜女是反对封建统治者奴役的代表，秦始皇则是封建暴君的典型。孟姜女的遭遇，就是古代人民在封建统治下的一个缩影。人们同情她的悲惨身世，赞扬她的反抗精神，不但广为传说她的事迹，还在各地为她塑像建庙宇。南宋时期周悼所著《北辕录》就记载了人们为传说中的孟姜女塑像建庙的事实。直到今天,山海关附近,还有孟姜女庙和她的塑像。在江苏民间传说中,又把孟姜女说成是仪征北门人。这一历史传说人物,之所以几千年来一直广为流传,没有神的保护和自身的特异功能,是难以存在的,故而说成"孟姜女是从西瓜里蹦出来的"。

从开始的杞梁妻故事到最后的孟姜女传说,其间有两千余年。一个故事能长时间为人民所喜爱,并不断地被改造、加工,并不是偶然的。其主要原因是因为这个故事代表了整个人类的共同愿望,抒发了人民最真实的心声。那就是:向往和平,追求稳定,渴望家庭生活的幸福和安宁。

夜郎并非是自大

　　当代中国已经真正走向了与其他文明对话的世界性开放之路，这意味着需更要加理性地对待"他者"文明，同时更清醒地面对自身文明，在质疑文化单向主义和霸权主义中寻求着真正平等对话的文化新秩序。在东西方文化平台上，世界需要重新"发现东方"，发现中国文化独特的东方生态文化魅力；而中国也需要面对世界，读解自身的文化之谜，并获得全新的普世性文化认同。

　　文化交流不是一种简单的双边关系，而是一种交流的多边性问题。只不过在西方现代性光谱中，"东方"已经削弱了立法和阐释的权利。进一步说，"全球化"不是一个全球本质化的过程，而是一个逐渐地尊重差异性的过程，是东方西方共同组成人类性的过程，也是西方中心主义习惯自己成为多元中的一元的过程。因此，东方如果继续沉默、失落、被误读，将使世界文化生态平衡出现严重的问题。

　　中国过去是"国中之国""中央之国"。如果说，现代性西方中心主义使得古老的中国被边缘化，那么古代中国汉文化中心观又使其将中原地区之外的民族看成"夷""蛮"，使得汉族与少数民族缺乏平等交流的基点。其中，"夜郎自大"这一成语流传甚广便可见一斑。

　　国人大概是经由"夜郎自大"这个家喻户晓的成语认识夜郎国的。夜郎作为一个被历史误读了两千多年的名字留在了人们的记忆中。夜郎历史众说纷纭，莫衷一是，大

致起于战国而终于西汉成帝年间，后来又神秘地消失，存在大约三百多年。对夜郎国记载主要在《史记》《汉书》《后汉书》《华阳国志》《水经注》等书中。司马迁《史记·西南夷列传》中说："滇王与汉使者言曰：'汉孰与我大？'及夜郎侯亦然。"从此，这个本当属于"滇王自大"的说法，就成为西南地区古国"自大""夜郎"的别名。

在汉语工具书中，"夜郎自大"属汉语圈认知率最高的一类成语，人们都把它解释为对妄自尊大者的讽喻，很多人正是通过这个成语知道古代西南曾经有一个夜郎国。由此，对夜郎的误读也伴随了两千年的历史。夜郎故事首见于司马迁的《史记》。汉武帝开发西南夷后，为寻找通往今天印度的通道，于公元前 122 年派遣使者到达今云南的滇国，再无法西进。逗留期间，滇王问汉使："汉孰与我大？"后来汉使返长安时经过夜郎，夜郎国君也提出了同样问题。这段很平常的故事后来便演变成家喻户晓的成语。

据《史记》记载："西南夷君长以什数，夜郎最大。"但是不是"自大"，还应该认真讨论。细细斟酌"汉孰与我大？"不难看到，这其实是古汉语的疑问句，一种正面的试探性提问，而不是一种自大的口气。作为南方诸国中的一个大国，夜郎是真正希望知道外面的大千世界，处于这四面环山的封闭的云贵高原，想知道外面的精彩世界，想探究中原究竟有多大。而且，值得注意的是，夜郎王向往汉朝的文明，不仅约为置吏归属汉朝，而且受金印册封，并派使者到京城朝贡。在这个意义上，"孰大"不是说自己就一定"大"，这个疑问词并不是说夜郎要与汉朝比大，而是在求知求证和比较层面上对外部世界的大小表示"惊奇"。事实上，"夜郎自大"的命名，是汉民族中心主义对少数民族的民族歧视造成的，这种文化压抑和文化解释是由于当时的汉文化中心主义使然。

长期以来，"夜郎自大"在汉族中心话语中成为贬义词，使其走向了漫长的"夜郎文化自卑"。夜郎自大成语至迟清代已广为流行。清前期著名文学家蒲松龄在《聊斋志异·绛妃》中写道："驾炮车之狂云，遂以夜郎自大。恃贪狼之逆气，漫以河伯为尊。"成书于光绪后期的晚清小说代表作《孽海花》第二十四回写道："饿虎思斗，夜郎自大，我国若不大张挞伐，一奋神威，靠着各国的空文劝阻，他哪里肯甘心就范呢？"

其实夜郎国君并非妄自尊大向汉王朝叫阵。夜郎是僻处大山的方国，即便现在交通也多受限制，两千多年前更是山隔水阻，偶有山外客来，急于打听山外世界，实为人之常情。不过，一个有偏误的成语，不经意间广泛宣扬了一个古国的历史。至少，在最广大民众中恒久延续了一个古代的记忆，这又是成语作者不曾想到的。

据《史记》记载，大约战国时代，夜郎已是雄踞西南的一个少数民族君长国。汉武帝时，唐蒙奉命于公元前135年出使南越国，了解到夜郎位于巴蜀通往南越的要道上，有便捷的水路可通抵南越的都邑，便向朝廷建议开发西南夷，依靠巴蜀的富裕、夜郎的水路和精兵，有效控制南越的分裂变乱。汉武帝采纳了他的建议，在夜郎地区设置郡县，将夜郎划入版图。公元前111年，夜郎派兵协同征伐南越反叛，遣使入朝，汉王朝授予夜郎王金印。

夜郎国的具体位置，史籍记载都很简略，只说："临牂牁江"，其西是滇国。牂牁江是汉代以前的水名，今人根据其向西南通抵南越国都邑番禺（今广州）的记载，考定为贵州的北盘江和南盘江。多数人认为，夜郎国的地域主要在今贵州的西部，可能还包括云南东北、四川南部及广西西北部的一些地区。在考古发掘未提供出可靠证据前，这样的争论必然还将继续下去。

夜郎灭国于西汉末期。汉成帝河平年时（公元前28~25年），夜郎与南方小国发生争斗，不服从朝廷调解。汉廷新上任的牂牁郡守陈立深入夜郎腹地，果断地斩杀了名叫兴的夜郎末代国王，并机智地平定了其臣属及附属部落的叛乱。从此后，夜郎不再见于史籍。夜郎国虽然仅存在三百多年，但其文明发展在西南地区具有较大影响。汉开发西南夷后，在巩固国家统一的大战略中，它发挥了积极的作用。

唐代著名诗人李白多次在诗作中提到过夜郎："我愁远谪夜郎去，何日金鸡放赦还。"（流夜郎赠辛判官）"天地再新法令宽，夜郎迁客带霜寒。"（江夏赠韦南陵冰）李白所说夜郎，为唐玄宗天宝年时在今贵州桐梓一带所设的夜郎郡，时间上距夜郎灭国已七百多年。此前晋朝也曾在贵州设置过夜郎郡，地点大约在今贵州北盘江上游，距夜郎灭国也已三百多年。

历史上用夜郎做县名更出现过多次，上述前后两夜郎郡的首邑都叫夜郎县。此外，唐初在今贵州石阡一带曾设置过夜郎县。不久在今湖南新晃一带又设置过夜郎县。宋代也曾短时间在湖南新晃设置过夜郎县，这是历史上最后一个叫夜郎的县名。

20 世纪末，湖南、贵州、云南、广西的学者再次对夜郎的历史文化进行了深入探讨。证实了古代西南地区冠以"夜郎"县名的地方为数不少，古代贵州有三个"夜郎县"，湖南新晃有一个"夜郎县"，云南也有一个夜郎。云南专家据新近出土的"铺汉王印"为据，认为夜郎古都在云南沾益；湖南学者则提出怀化西部方属古夜郎发源地；广西学者坚持夜郎国都应在广西凌云。

根据近现代在文学、美学、史学、哲学、古文字、考古学等各方面成就卓著的学术巨子王国维的"二重证据法"，将考古出土文物和地上文献互考，夜郎古都应在贵州境内，其地理范围大致包括贵州黄平以西、广西百色以北、四川宜宾以南、云南楚雄以东的范围，形成一个横跨几省的"大夜郎"的观念。出土文物的支持非常重要——2000 年的贵州可乐墓葬群的考古发掘，出土一批极为珍贵的青铜文物；夜郎时期的铜兵器、陶器、套头葬，还有一些生活器具，其精美的程度与中原无异，令人吃惊。

这些夜郎地名存在时间都不长，从南到北，从西到东，往返变换。它们与古代夜郎文明已无直接联系，更多只是后人附庸古称的地名符号罢了。不过作为历史时间上的连缀点，这些符号仍是大有意义的，试想，如果没有这些连缀符号，没有李白的诗句，夜郎还能保持广泛的知名度吗？探寻夜郎文明是历史研究者的职责，用科学客观态度看待探寻夜郎文明的工作是应有的平常心。

在中国文化走向理性和平等对话的时代，夜郎文化应走出贬抑自卑转而走向"夜郎文化自觉"。文化自觉表明对自己劣根性的分析，对自己发展可能性的清理，对自己未来可能性和文化交流对话的前景加以展示，最后走向"夜郎文化自强"。

刘关张何来的"三结义"

　　传说东汉末年，天下大乱，各地枭雄都想争夺汉室江山，他们互相争斗，弱肉强食。汉室后裔刘备，虽然卖草鞋为生，但有振兴汉室、救困扶危之志，他与河北涿县同乡卖肉的张飞、山西解良卖豆腐的关羽意气相投。他们决定同心协力，救困扶危，上报国家，下安黎庶。在张飞家后桃园里，杀牛宰羊，祭告天地。他们对天盟誓，不求同年同月同日生，只愿同年同月同日死，如忘恩负义，天人共戮。三人结拜为异姓兄弟。

　　但是谁为兄谁为弟呢，三人却有过一番争执。开始，关羽提议，以年龄大小来排。关羽说："我生于桓帝延熹三年（160 年）六月二十四，现年二十五岁，有家谱记载。"刘备说："我也二十五岁，生于延熹三年六月二十四。"张飞说："怎么这么巧，我也生在延熹三年六月二十四。"三人都是同年同月同日生，怎么办？刘备建议："按生辰早迟来排兄弟称号。"张飞想抢个头，就说他出生在天刚亮；关羽报得更早，说他出生时，鸡刚叫头遍；刘备却说他生在半夜的子时。张飞一听，知道自己上当了，要当小老弟，急了，连说："不行、不行，你俩报的假时辰，不算数。"刘备问他："你说怎么办？"张飞说："我们抓阄吧，拿三张纸，各写不同的字，标明大中小，抓到大的称大哥，抓到中的叫二哥，抓到小的叫小弟。"关羽说："这个不行，这是兄弟结义，是大事，不能用抓阄的方法定大小，这不能说明各人真实的年龄大小。"张飞摇头晃脑，四处张望，看见一棵大树，心想：我经常爬树，在这方面比他俩强，就说："比爬树。"没等刘备、关羽点头同意，他就跑到树前，三两下，便爬到树顶上。关羽没有办法，也只得爬到树干中间，心想：当个老二也不错，上有兄下有弟。刘备则不慌不忙地走到树根处，抱着树身站着。张飞一看，得意洋洋，喜滋滋地说："二位，喊声大哥！"刘备说："别忙，我问你们，这树是先有树根还是先长树梢？"关羽回答："当然先有树根。"刘备说："对了，既然如此，那就是先有我，后有你们。"张飞不服气，要找人见证，正好有个挑扁担的卖货郎从张飞家门前经过。张飞就在树梢上吼起来："哎，过路的大哥你来说一下，这棵树是树梢大还是树根大。"卖货郎说："树总是先有根，后有枝和树梢，没有根，哪儿有树梢呢？当然树根为大啦。"张飞一听傻了眼，想不认账，可已经赖了一次，这次又是自己的主意，不好不认输。关羽也觉得刘备智慧高超，当尊为兄。就这样，三人结拜，排了个刘、关、张的顺序。

刘关张结拜兄弟后，关张对大哥刘备天天吃他俩白食感到不满，怀疑刘备的能力。二人商量到河心孤岛吃酒议事。关张上船不久，就见河内有个木箱一波一波地向船边漂来。张飞对关羽说："今天我们俩兄弟要发财啦，说不定箱子里有金银财宝呢。"箱子才捞上船，关张就开箱，一看刘备在里面，刘备上船后就说："神灵告诉我，两位贤弟要在孤岛吃酒议事，我就来了。"在孤岛吃酒的时候，关羽提议大家先来个四言八句，尔后再喝酒。关羽先说："墨盘磨墨，糊里糊涂，写起字来，明明白白，墨变成字，容容易易，字变成墨，难得难得。"张飞接着说："天上下雪，糊里糊涂，水上化雪，明明白白，雪变成水，容容易易，水变成雪，难得难得。"刘备说："箱里漂人，糊里糊涂，捞我上岸，明明白白，我找你俩，容容易易，你俩找我，难得难得。"关张找不到话说，又让刘备白吃一顿。

又有一天，关张合计，在水井坎上吃酒。那井很深，井口很大，他俩拿床席子遮住，椅子就安放在井口上。吃酒时，刘备不请自到，并往井口椅子上一坐。关张细看刘备，稳稳当当地坐在椅上，一点危险也没有。张飞心想："刘备这个百十斤重的人，坐在椅上怎么会不掉在井里呢？"他就伸脚去把席子一角撩开一看，不得了，刘备屁股下面有九条龙给他顶着呢，这才知道，刘备是九龙星下凡。张飞不敢作声，等吃完酒，他才对关羽说："这刘备大有来头，他是当皇帝的命。"从此以后，关羽、张飞再也不敢小觑刘备，也就死心塌地跟着刘备走南闯北打天下了。

事实是，刘、关、张三人没有桃园三结义，理由是：第一，正史无记，《三国志》《资治通鉴》从未提及此事。第二，三人年龄大小，顺序排列应是关、刘、张，而不是刘、关、张。

《三国志·先主传》无刘备生年，仅说他死于章武三年（223 年），时年六十三。先人计算年龄都算虚岁，照此逆推，刘备当生于汉桓帝延熹四年（161 年）。因此，刘备的生卒年代应是 161~223 年。

关羽的年龄，《三国志》本传无载。《张飞传》讲：（关）羽（比张飞）年长数岁，飞兄事之。据钱静方著《小说丛考》载：清康熙年间关羽家乡出土的关侯祖墓碑记知，关羽生于汉桓帝延熹三年（160 年）六月二十四。所以，柯汝霖《关公年谱》认为：关羽实长刘备一岁。关羽的生卒年代应是 160~219 年。

张飞的生卒年代，《辞海》介绍：221 年，根据《关公年谱》"张飞小刘备四岁"之说，应是 165~221 年。

按照《三国演义》之说，刘关张三人桃园三结义时的年龄应是：刘备二十四岁，关羽二十五岁，张飞二十岁。《三国演义》是部小说，不是历史，三分真实，七分虚构。《三国演义》编造三结义，论定刘备是大哥，乃是对史书《三国志》刘关张三人"恩若兄弟"的想象与附会，不足为信。

为什么民间传说和《三国演义》要称刘备是桃园结义

的大哥呢？因为刘备是君，关、张是臣，从行政级别看，刘始终大于关、张。

《三国志·先主传》记载：刘备"少孤，与母贩履织席为业。"他和辽西公孙瓒都是卢植的学生，但刘备"不甚乐读书"，"好交结豪侠"。史书上说他"身长七尺五，垂手下膝"，能"顾自见其耳"，长成一副英伟的形象。还说他"少语言，善下人，喜怒不形于色。"称道他谦和待人，而又胸有城府，因此，"年少争附之"，大家都拥护他。后来，刘备又得到中山大商张世平、苏双的资助，有了钱，于是兴兵举事。

刘备起事的时候，关羽、张飞在干什么呢？《三国志·关羽传》记载：刘备"于乡里合徒众，而羽与飞为之御侮。"可见，关、张是刘的侍卫之类的下属，不是他的结义兄弟。刘备从镇压黄巾军开始，先后做过安喜县尉、下密垂、高唐令，后来在公孙瓒手下做别部司马，因"数有战功"被任为平原相（相当于太守）。随着刘备势力的扩大和职位的升高，关、张地位也逐渐显要。到刘备做平原相时，"以羽、飞为别部司马，分统部曲"。从这时起，关、张也就分别统领刘备起事时的亲随部队了。

刘、关、张虽未结义为兄弟，但在转战各地中却是休戚与共，患难相携的。在行政共事方面，他们是上下级，在私交上，确实亲如手足。《三国志·张飞传》说：张飞"与关羽俱事先主。羽年长数岁，飞兄事之。"《三国志·关羽传》说："先主与二人寝则同床，恩若兄弟。而稠人广坐，侍立终日，随先主周旋，不避艰险。"关羽说："吾受刘将军厚恩，誓以共死。"

刘备特别宠信关、张，不仅因他俩是心腹之臣，更主要的是关、张以勇略著称当世。东吴周瑜称赞关、张为"熊虎之将"，魏国谋臣程昱赞誉关、张为"万人之敌"。后世论史者，如明末清初王夫之就认为："刘备待关、张之信，胜于对诸葛亮之诚。"

赤壁之战后，刘备拥有荆州、西川两个战略要地，开始由诸葛亮守荆州，刘备、庞统、法正等打西川。庞统死后，刘备即做出调诸葛亮入川、关羽镇守荆州的决定。按当时情况，如调关羽入川作战，对付刘璋绰绰有余。诸葛亮没有必要入川。若如此荆州不可能被东吴抢去。

关羽镇守荆州，未按既定的"联吴"策略，常在东吴边境"数生狐疑"，特别是在条件不成熟的情况下，轻率北进，给孙权以可乘之机，不但荆州丢失，自己和儿子也被擒杀。关羽死，荆州失，刘备未吸取教训，未能保持清醒头脑，反而置赵云等人的再三劝谏于不顾，举倾国之兵伐吴，给蜀汉带来更大灾难，刘备自己也以身殉。张飞为报关羽之仇，急躁而激生事变，竟死于部下之手。

史实证明：刘、关、张关系十分亲密，为文学创作、民间传说提供了有说服力的材料，因而刘、关、张桃园三结义的故事也就广为流传。

虚拟中的美女——貂蝉

　　说到中国古代的四大美女，人们的脑子里立刻会浮现出一些生动的画面：出塞的昭君、浣纱的西施、醉酒的贵妃，还有就是拜月的貂蝉。这些画面已经牢牢地在国人的头脑中扎了根。然而，关于这四大美女，却有大量的虚幻不实之词。从历史真实的角度来说，这里面真可以说是谎话连篇。我们不妨来看一看貂蝉。貂蝉的知名度似乎并不比《三国演义》中的"三绝"曹操、关羽和诸葛亮低多少。然而，历史上到底有无貂蝉其人呢？我们且来看看这个把群雄逐鹿的战场点缀得色彩斑斓的女子究竟是何许人。

　　在正式史册中，并不见有貂蝉的名字。《后汉书·吕布传》有这么一段记载："卓以布为骑都尉，誓为父子，甚爱信之。尝小失意，卓拔手戟掷之，布拳捷得免。布由是阴怨于卓。卓又使布守中阁，而私与侍婢私通，益不自安。"这个与吕布私通的"侍婢"，我们几乎理所当然地认为就是貂蝉，而董卓与吕布的怨隙，也与女人有密切关系。《三国演义》"董太师大闹凤仪亭"的故事，就是因此发生的。在正史中，"侍婢"只是一个符号性人物，根本没有什么个性色彩，以致后人连她长什么模样都不知道，更不用说美不美了。后来在传说中，貂蝉的面目变得越来越生动，终于由"侍婢"这一符号而变成了光彩夺目的美女形象。

　　唐代诗人李贺写过一首《吕将军歌》，其中有"磕磕银龟摇白马，傅粉女郎大旗下"的句子，如果说这里面已经有貂蝉的影子，那么她与吕布的关系已经确定下来，而且她可能是美的（至少是爱美的）。

到了元代，貂蝉的形象已经相当鲜明，元杂剧中已有以貂蝉为主角的戏，如：《锦云堂美女连环计》。戏中交代貂蝉本是忻州木耳村人，父亲叫任昂，貂蝉小字红昌，汉灵帝筛选宫女时选入宫中，专门执掌貂蝉冠，因此叫做"貂蝉"。后来皇帝把她赐予了并州刺史丁建阳，当时吕布是丁建阳的养子，丁建阳就把貂蝉配给了吕布。在黄巾之乱中，貂蝉与吕布走失，流落到司徒王允府中。一天，貂蝉在看街楼上望见有人摆着头踏在街上经过，那骑在赤兔马上的好像是吕布，于是就在晚上溜到花园中拜月烧香，希望能与吕布夫妻团圆。王允发现貂蝉的身世，设计出连环计。

《三国演义》中有关貂蝉的情节也差不多，可见这是当时流传的民间故事。不过在《三国演义》中，罗贯中对貂蝉的身份做了一个重要的改变：她不是吕布失散的妻子，而是自幼选入王司徒府中的一个歌伎。身份一变，貂蝉去实施连环计的动机就变了。她不是为了早日和吕布团圆，而是为了替王允分忧解难。为了报答王允的"大义"，她许以"万死不辞"。貂蝉由渴望夫妻团圆的普通女子变成了义气干云的女中丈夫。

可惜到了明代，貂蝉的命运就不大妙了。人们似乎对貂蝉前面所做的事情已经麻木，而渴望知道她后来怎么样了。明代杂剧《关大王月下斩貂蝉》交代了貂蝉的下场：吕布失败后，曹操别有用心地将貂蝉送给了刘备，为了不蹈董卓、吕布的覆辙，关羽将她斩于月下。

设想出这样一个结局，是很中国化的。如果从政治斗争残酷的角度来揭示人物、尤其是女性的悲剧命运，倒也不失为深刻，但是编剧者显然心不在焉，他所要表述的是对"女人是祸水"这一"真理"的清醒认识。可悲的是，后来的戏曲剧码对此还情有独钟，清代有《斩貂》，近代的汉剧、徽剧、川剧也都有同题材的剧码。尽管子虚乌有，但却反映了我们的文化中令人丧气的一面。

也有学者认为貂蝉实有其人，清代文人梁章巨就是一个代表。他在《归田琐记》中说："貂蝉事，隐据《吕布传》，虽其名不见正史，而其事未必全虚。"而到了《小栖霞说稗》，则肯定"是蝉固实有其人"。说是这么说，真正要拿出信得过的依据来，却不是那么容易的。

也有人为貂蝉的命运一辩，如近人周剑云的《论斩貂蝉》："貂蝉无可责之罪，吕布亦非可责貂蝉之人，彼三姓家奴，人品去貂蝉远甚，貂蝉不骂吕布足矣，布有何辞责骂貂蝉乎？若关公者，熟读春秋者也。西子奉勾践命，志在沼吴，与貂蝉奉司徒命，志在死卓、布父子，同一辙也。关公不责西施，而乃月下斩貂蝉？余敢谓关公圣人，必不为此杀风景事！"

其实，如果关羽真的杀了貂蝉，那正是因为他是"圣人"。试想，凡夫俗子，见一个美女在眼前，如何舍得杀她？而"圣人"的境界就不一样了，"圣人"有他神圣的信念，为了这个信念，他可以做许多常人所做不到的事。这是"圣人"之所以为"圣人"的原因，也是我们对"圣人"从来只有敬佩而不会喜欢的原因。不过，我们这又把貂蝉的美人计当做真人真事来讨论了，还是还历史以真实吧！

任何事物必定有其产生的原因，为何民间津津乐道，说是王允设连环美人计，让貂蝉杀董卓呢？其缘由有四：第一，董卓其人"淫掠妇女""奸乱宫人公主""数与百官置酒宴会，淫乐纵态，"让此狂暴淫乱的历史罪人死于女子的石榴裙下，解恨而且合理。第二，吕布是董卓收买的心腹，由此人完成杀董大业，人们心里不乐意，此人只能被利用，充当美人计的俘虏，充其量做个貂蝉杀董的助手。第三，王允为国为民，老谋深算，只有他能实施连环美人计。但是他无力刺杀董卓，只能依靠貂蝉。第四，由于金元时期的院本曲《刺董卓》《貂蝉女》，元杂剧《锦云堂暗定连环计》，明代杂剧《关大王月下斩貂蝉》以及清代的《斩貂》，特别是对《三国演义》造成的误读，使人们以假为真。

武大与潘金莲不可当真的故事

　　说到《水浒传》，人们的第一反应都是那些勇猛无敌的一百零八将，不过同样也会想起那一对赫赫有名的夫妻——武大郎与潘金莲。提起武大郎，几乎无人不知，无人不晓。无论是在《水浒传》中还是在戏剧舞台上，他的形象都是一个矮小的卖炊饼的穷人，最终落得个被妻潘金莲勾结淫夫西门庆下毒身亡的下场。而提及潘金莲，人们自然会想到那个美女淫妇。给人们造成这种印象的原因不外乎《水浒传》与《金瓶梅》中对潘金莲形象的描述。

　　书中描述，潘金莲原是贫家之女，被一大户买去为奴，主妇原想让她做些粗活，分摊家务，不想丈夫竟与她颠鸾倒凤，为了惩罚她，主妇将她嫁给卖炊饼的光棍武大郎。没想到武大郎虽然貌丑，没有十三拳高，人称三寸丁，但心灵很美，对妻子潘金莲命令服从，需求听从，嗜好盲从，花钱听得，脾气受得，行为容得，凌辱忍得，两人倒也相安无事。

　　不久小叔子打虎英雄武松来家居住，潘金莲见武松身材高大，体魄雄伟，确是个美少年，且两人年岁相仿，不觉心神荡漾，决心把小叔子弄到手。潘金莲先是频送秋波，含笑劝酒，说说笑笑，但武松目不斜视，默默吃酒，从不与之打打闹闹。接着潘金莲起舞助兴，扭动细腰，几欲跌倒，意欲让武松扶住，就势搂搂抱抱。但武松每到此时，则让兄长前去搀

扶，使潘金莲哭笑不得。最后潘金莲不得不使用她的绝招。支走丈夫，直接勾引、挑逗、动手动脚。武松早就看出嫂子心术不正，便警告潘金莲收起淫荡心，与哥哥安安分分过日子，自己则住到别处去了。

武松走后，潘金莲感到很寂寞，这时她无意间遇到了花花公子西门庆。这西门庆是情场老手，见潘金莲长得好看，便动了心，贿赂了王婆。王婆见钱眼开，趁武大郎外出卖炊饼之机，将潘金莲、西门庆安排到家里相见。她大夸英雄美人龙凤呈祥，待二人接触了一段时间，便借故离家，反锁院门。屋中两人便在王婆的家中借着酒胆，从说说笑笑，打打闹闹，搂搂抱抱，很快地到了床上宽衣解带。从此二人一发不可收拾，王婆见这对野鸳鸯如糖似蜜，就将自家房子供他俩淫乐。而西门庆则大把花钱，讨好这两个女人。

潘金莲根本不怕武大郎，乐得风流自在。但不知怎的，这桩风流事被武大郎知道了，警告潘就此为止，否则将告诉武松复仇。潘金莲正玩得上瘾，哪肯中途歇手，她想如武松问及此事，就跪地求饶。但是王婆和西门庆却有点害怕，怕打虎英雄找上门来，不好交代。就在此时武大郎得了痢疾，西门庆家里是开药店的，就带了包药交予潘金莲，并说里面掺有毒药，武大郎服后必死，之后他就娶潘金莲回家为妻。王婆认为这是好计，省得做露水夫妻担惊受怕。

潘金莲经不起劝，也同意为武大郎灌药。当晚，武大郎睡在床上，潘金莲温柔地劝药，武大郎闻药味有异，坚决不喝。潘金莲想想自身，自嫁给武大郎后，人们讥讽嘲笑，便委屈地哭了。武大郎也知道潘金莲嫁给自己是一朵鲜花插在牛粪上，觉得对不起妻子，不该怀疑药中下毒，于是恢复了往常顺从的本性，把一碗药喝得干干净净。不一会儿只见武大郎在床上翻滚不停，并龇牙咧嘴，瞪着眼睛，大声叫喊："你这淫妇，我要告诉武松……"潘金莲见如此情况，怕药的效力不够，如武大郎身体康复，后果不堪设想，就用枕巾死命捂住武大郎的嘴，直至武大郎死亡。

武大郎死后一个多月，武松回家看望兄嫂，却见哥哥灵位。潘金莲边哭边诉丈夫得病服药及殡葬经过，希望小叔子能取代丈夫位置。武松感到哥哥病死疑点颇多，并逐一询问。潘金莲百般狡赖，武松假装同情潘金莲的遭遇，慎重考虑叔嫂婚配。潘金莲讲出了武大郎死前曾向西门庆购药，王婆帮助煎汤，潘金莲亲手端汤喂药，何九叔帮助掩埋尸体的经过。

当事人何九叔对武大郎的死颇感怀疑，暗中藏起死者遗骨。武松亲捧哥哥遗骨，请仵作鉴定。经检验内含砒霜，发现西门庆有杀人嫌疑。武松找西门庆对质，西门庆死不认账，说话却漏洞百出。武松最终杀死西门庆，旋即赶至嫂嫂家，在证据面前，潘金莲只得如实招供，武松怒不可抑，杀嫂祭兄，之后换了件干净衣服，携带王婆，并请邻居做证，投案自首。

武松杀嫂这一故事情节，主要来自元末施耐庵《水浒传》，对传说又加以改动。其实武大郎、潘金莲、西门庆这些人物是艺术形象。出于明朝后期的《金瓶梅》借《水浒传》中的西门庆为线索说他"不甚读书，终日闲游浪荡"，有一妻三妾，与"一帮闲抹嘴，不守本分的人"结为十兄弟，又勾引潘金莲，杀其夫武大郎，纳以为妾。并与潘金莲的侍婢春梅有染，又私通新寡李瓶儿，也纳为妾，后李瓶儿生子。西门庆因贿赂蔡京，得金吾卫副千户之职，更加肆无忌惮，求药纵欲受赂枉法，无所不为。潘金莲妒李瓶儿生子，屡次惊吓小孩，终害死其子，李瓶儿悲幼儿亦亡。潘金莲力媚西门庆，西门庆饮药逾量暴死。潘金莲、春梅又与西门庆的女婿陈敬济私通，事发被斥骂，潘金莲暂居王婆家待嫁，适逢武松赦归，杀死潘金莲，以报兄仇。

也有文字记载，南北朝时齐昏侯的潘妃为潘金莲。《南史·齐废帝东昏侯本纪》说："潘金为莲华以帖地，令潘妃行其上，曰：'此步步生莲华也'"，潘金莲、西门庆是根据该书所记地名、人名而虚构的人名。

清初，王世祯《香祖笔记》说："阳谷西北有家，俗称西门家。有大族潘、吴二氏，自言是西门嫡室吴氏、妾潘氏之族。一日社会上登台演剧，吴之族使演《水浒传》，潘之族谓辱其姑，聚众大哄，互控于县令。"

后又有人撰文称潘金莲是阳谷县人氏，说当地发现潘氏家谱，说宋朝时是有个叫潘金莲的，她的父亲是阳谷县县令，武大郎是县令的门生。后来武大郎考取了进士，并且继任潘县令的职务，潘县令把女儿许配给武大郎。有人考古发现了武大郎的骸骨，经过实地测量，证实武大郎身材颇高，不属三等残废。

又有人撰文，说武大郎是明末苏州一个县的县令，潘金莲是苏州歌妓，平时仰慕武县令的为人，清兵入关侵占苏州后，将武大郎囚禁起来，潘金莲全力营救。看押武的清军大头目提出交换条件，要潘做自己小妾，再释放武大郎。潘用重金找了个面貌相似的妓女做替身，自己则护送武大郎到山东老家。

亦有人考证，说武松不是武大郎的亲弟弟，而是他和潘金莲的儿子。山东阳谷确有景阳冈，但它不是深山老林而是一个土坡子，那一带没有老虎出没，但有一个被当地人称为吊睛白额虎的恶霸西门庆。西门庆调戏妇女无恶不作，被武松三拳打得休克，西门庆身体康复后，怕自己打不过武松，不敢找武松算账，就纠缠潘金莲，要潘金莲给他一个公道，他施展各种办法报复武大郎。武松气极，正好碰到西门庆在鸳鸯楼欺辱百姓，就与其斗杀……

还有人提出要为潘金莲平反，恢复名誉，一时，潘金莲竟然成了众人研究的"潘学"。潘金莲何许人也？她是民间传说中的人物，是《水浒传》作者施耐庵、《金瓶梅》作者笑笑生等人编造出来的艺术形象。为这个历史上的虚无人物考证、研究，大可不必，故事终归是故事，不必当真。如有雷同，实属巧合，不能为后人再留下历史疑案。

唐伯虎点秋香的绯闻

　　说起"唐伯虎点秋香"这个几乎是家喻户晓的故事，人们眼前多会浮现出民间传说和影视作品中演绎的形象：才华横溢、风流倜傥、浪漫非凡的"江南第一风流才子""三笑点秋香""家有九美"等。明人冯梦龙已在《警世通言》中编入了《唐解元一笑姻缘》，清嘉庆年间有署名吴信天的弹词《三笑姻缘》，另外，属于说唱文学的子弟书、宝卷等都有此题材的作品。关于以"唐伯虎点秋香"为题材的影视作品不止一部。都说唐伯虎路遇秋香，秋香莞尔一笑，令唐伯虎情不自禁，他一路追随秋香来到学士府，不惜卖身为奴，进入府中。由于他的聪明才学，很得华学士的赏识，最后争取到了在学士府众丫环中任选一人为妻的权利，终于和心上人喜结良缘。在这些作品中，突出表现了唐伯虎的潇洒个性和他对爱情的执著，因此在广大老百姓的心目中，留下了唐伯虎是一个风流倜傥、放浪不羁的才子的印象。但历史上真实的唐伯虎却是一生坎坷，并非"三笑"中塑造的那种喜剧角色。

　　唐伯虎（1470~1523 年），名寅，字伯虎，后字子畏，别号六如居士、桃花庵主等。明成化六年（公元 1470 年），唐伯虎出生于苏州的一个小商人家庭。其父唐广德是普通的苏州市民，在苏州皋桥开设酒肆做小生意，其母丘氏也是当地的小家碧玉。因他出生那年是庚寅年，故取名唐寅，因在家中排行老大，故又称唐伯虎。他是明代著名的画家、文学家。他的画题材广阔，既善画山水，又工人物、花鸟；画法写意、工笔俱佳，与沈周、文征明、仇英合称"明四家"。书法诗文也尽有可观。

唐伯虎自幼天资聪敏，过目成诵，熟读四书五经，博览《昭明文选》等史籍，闲暇时也学画山水花鸟。当时文征明的父亲文林常去唐家的酒肆喝酒，见唐伯虎禀赋和才学过人，决定让唐寅与文征明一起拜吴门画派创始人沈周为师。唐伯虎 16 岁时秀才考试得第一名，轰动了整个苏州城。因才华出众，唐伯虎与祝枝山、文征明、徐祯卿并称为"吴中四才子"，也称"江南四才子"。

唐伯虎 19 岁时娶当地女子徐氏为妻，两人感情甚洽。唐伯虎 25 岁那年家中遭不幸变故，父、母、妻、妹在一年之内相继去世，这对他打击很大。悲痛之余，唐伯虎更加努力读书。明弘治十一年（公元 1498 年），唐伯虎 29 岁时参加应天府（现南京）乡试，中解元（第一名），一时声名鹊起，名震江南，"冒东南文士之上"，春风得意。

考中解元后的第二年，30 岁的唐伯虎踌躇满志地进京参加会试，路遇同去赶考的江阴巨富家的公子徐经，两人相谈甚恰，遂结成莫逆之交。这位徐经，就是后来著名的旅行家徐霞客的曾祖父。"世路难行钱作马"，这富家公子徐经到京城后，以钱财贿赂会试主考程敏政的家僮，得到了试题。徐经文才不行，开考前请唐伯虎帮他写好了文章，而唐伯虎事先并不知情。但毕竟纸里包不住火，此事不久就被人告发，两人都锒铛入狱。唐伯虎在大狱中吃了不少苦头，在他给好友文征明的信中详述了当时的悲惨境状："至于天子震赫，召捕诏狱，自贯三木，吏卒如虎，举头抱地，涕泪横集。"

经过一年多的审讯，案情不明不白，最终虽未判定唐伯虎是考场舞弊案的主犯，但干系是摆脱不掉的。唐伯虎虽被释放出狱，但经过这番折腾已经声名扫地，科举仕途已无望。朝廷革除了他的"士"籍，把他发配到浙江偏远之地为小吏。

因才得名，又因名得祸，而立之年却"倒立"。突如其来的打击使唐伯虎心灰意冷，耻于去浙江当小吏，又感到没有脸面回家，31 岁的唐伯虎开始游山玩水排遣苦闷，足迹遍布浙、皖、湘、鄂、闽、赣等省。

唐伯虎在外游荡了一年多，银子花光了，虽感"近乡情更怯"，最后也不得不硬着头皮回归故里。回家后，妻子（续弦）已弃他而去，唐伯虎又气又累，大病一场，性情也大变，放浪形骸，狎妓聚饮，纵酒浇愁，一副"看透世态炎凉"的态势。史载，唐伯虎曾和祝枝山等扮为乞丐，沿街唱"莲花落"讨钱，钱讨来了，就上酒楼喝酒。明弘治十八年（公元 1505 年），已经 36 岁的唐寅续娶患难中的红颜知己沈九娘为妻，随后在苏州金阊门外桃花坞筑屋，取名桃花庵（遗址在今桃花坞大街）。

卖文卖画之余，唐伯虎逐渐从人生低潮走出，他不再消沉，决定开始新的生活。唐伯虎对科举、权势、荣名等封建社会所尊奉的价值体系开始采取蔑视和对抗的态度，并有意识地强化了自己"狂诞"的形象。他写诗嘲笑利禄之徒"傀儡一棚真是假，骷髅满眼笑他迷"，自称"此生甘分老吴阊，宠辱都无剩有狂"。凡此种种，很显著地表现出一个脱略士绅阶层行为典范的市井文人形象。后世产生了许多关于唐寅的虚构的传说，也正表明了他的性格存在与市民情趣相契的特征。

唐伯虎晚年精神空虚，"皈心佛乘，自号六如"。明嘉靖二年（1523 年），唐伯虎去世，享年 54 岁。唐伯虎身后很萧条，他死后归葬于横塘的宗族墓地，还是靠了好友祝枝山的相助。唐伯虎为世人留下了大批书画诗文，与唐伯虎有关的地名，在今天苏州地图上还能找到不少，如桃花坞大街、桃花坞桥弄、唐寅坟巷等。

《明史》为唐伯虎做的传记是这么写的："唐寅，字伯虎，一字子畏。性颖利，与里狂生张灵纵酒，不事诸生业。祝允明规之，乃闭户浃岁。举弘治十一年乡试第一。座主梁储奇其文，还朝示学士程敏政，敏政亦奇之。未几，敏政总裁会试，江阴富人徐经贿其家童，得试题。事露，言者幼敏政，语连寅，下诏狱，谪为吏。寅耻不就，归家益放浪。宁王哀濠厚币聘之，寅察其有异志，佯狂使酒，露其丑秽。哀不能堪，放还。筑室桃花坞，与客日饮其中，年五十四而卒。寅诗文初尚才情，晚年颓然自放，谓后人知我不在此，论者伤之。"

另外，一些地方志诸如《江南通志》《苏州府志》和《吴县志》等，对唐伯虎的记载也大概如此。从这些记载来看，唐寅生平有这么几个特点：首先，他的确是个才子，只要他努力，就会有不俗的成绩，比如在弘治十一年（1498 年）举行的乡试中，他就名列第一，被时人称作"唐解元"，并被学士程敏政所激赏，一时之间才名远播；其次，他也的确性格放浪，不管是年轻时的纵酒、成年后的佯狂使酒，还是晚年的酗酒，都表现出他性格疏放的一面；再次，就是他仕途多舛，社会往往不太能接纳像唐寅这样个性鲜明的人，唐寅的落魄看似偶然，其实有其必然性。乡试后第二年，唐伯虎与自己的朋友、江阴巨富徐经一起进京参加会试，主考官有两位，一位是太子少保礼部尚书兼文渊阁大学士李东阳，另一位即是时任礼部侍郎的程敏政学士。

按正史上的记载，徐经贿赂程敏政的家童，提前拿到了试题，后来事情败露，程敏政遭弹劾。这件事牵连到了唐伯虎。其实，徐经是否真的以贿赂程敏政家童得到了试题，当时的史料或者语焉不详，或者相互抵牾，《明史》上的记载也是非常简单的。唐伯虎才高如此，又有主考官的赏识，根本用不着参与这种舞弊的事，把他牵扯进去，可见其完全是冤枉的。但程敏政在公开场合不止一次赞赏唐伯虎的文章，唐伯虎又是一副百无禁忌的狂放姿态，这显然触犯了宗法社会立身处世的大忌。换言之，唐寅这样的性格，即使不在程敏政这件事上栽跟头，也会栽在别的事情上。或者说，他根本就碰不到像程敏政那样能欣赏他的人。

科场失意的唐寅在苏州阊门内的桃花坞修建桃花庵别墅，退避其中，自称"桃花庵主"，过起了一种以卖文卖画为生的诗酒逍遥的生活。但这种宁静又被宁王朱宸濠的礼聘所破坏了。宁王朱宸濠早有异志，为了替日后打基础，他做出礼贤下士的样子，对唐寅礼遇有加，既以百金为聘，又在南闾专门为他修建了一幢别墅。唐伯虎很快觉察到了宁王的别有用心，这样的政治漩涡，一旦陷下去，就有性命之虞。为求脱身，唐伯虎装疯卖傻，"佯狂使酒"，"露其丑秽"，也就是赤身裸体见人。朱宸濠失望之下只能放其还乡。这时，唐伯虎也已经到了知天命之年了。明世宗嘉靖二年（公元 1523 年），54 岁的唐伯虎结束了他富有传奇色彩的一生。

唐伯虎生平的传奇色彩，是与他的鲜明个性俱来的。唐伯虎在科场失意之后，便以卖画为生，同时遍游名山大川，流连红巾翠袖之中。他自刻一印，称"江南第一风流才子"。有关他的逸闻和传说，当时与后世的文人笔记中多有记载，比如《蕉窗杂录》《戒庵老人漫笔》《皇明世说新语》《风流逸响》和《诗话解颐》等。"唐伯虎点秋香"的故事原出于《蕉窗杂录》，后经冯梦龙的小说发扬光大，故事在流传过程中也越来越丰富。秋香的"一笑"变做"三笑"，"某仕宦"也最终变成了有姓有名的无锡华府。而在《唐解元一笑姻缘》中符号性的人物公子，到弹词《三笑姻缘》中则演变成了两个充满喜剧色彩的陪衬性人物。所以说，唐伯虎点秋香是事实上没有而情理中会有的事。

关于唐伯虎"江南第一风流才子"之名的由来，有人认为，唐伯虎出于对自己才华的狂傲自负，确实刻了一枚"江南第一风流才子"的印章。但也有学者考证认为，唐伯虎从未自刻过"江南第一风流才子"的图章，存世之印系别人伪造。后世学者普遍认为，唐伯虎"江南第一才子"是名副其实的，他的诗、书、画被称为三绝，艺术造诣高超，唐伯虎才气横溢是真的，他完全称得起"江南第一才子"。若说"风流"二字，也只是说唐伯虎文风飘逸，为人洒脱，落拓不拘，举止有放浪之行，仅此而已，实际情况并不是小说和影视作品中描写的那等"风流艳名"。

苏州的一位文史专家认为，有关唐伯虎的传说轶事，以冯梦龙的传奇小说《唐解元一笑姻缘》篇幅最长，此外还见诸明朝一些不出名的文人笔记，如《蕉窗杂录》《皇明世说新语》《风流逸响》等，其中的多数相关情节都为文学杜撰。至于唐伯虎"妻妾成群"的传说，很可能因其续娶的夫人名叫沈九娘，加之唐伯虎的仕女画登峰造极，以及唐伯虎平日放浪不羁的举止，后世无聊小道文人望文遐想，把"九娘"附会成"九个美娇娘"，还杜撰出了一个《九美图》，这样，唐伯虎在小说中就有了九个妻子，并且在传来编去中演绎出了"三笑点秋香"。

陈世美蒙受的冤案

　　说到男人抛弃结发妻子，人们多会以一人相喻——陈世美。由于戏剧《铡美案》的家喻户晓，恶棍陈世美的形象已在人们心中定格。传统戏剧中的陈世美，自报家门是"湖广均州人氏"。据《均州志·进士篇》记载："顺治十二年，乙未科史大成榜，陈年谷，官贵州思石道兼按察司副使布政司参政。"又据《湖北历史人物辞典》记载："陈世美，清代官员。原名年谷，又名熟美，均州（即湖北均县，现丹江口市）人，出生于仕官之家。清初游学北京，顺治八年（1651 年）辛卯科进士。初任河北某地知县，后因得皇帝赏识，升为贵州分守思仁府兼石道按察使，兼布政使参政。"那么，清代的陈世美怎么会被宋朝的包公铡了呢？两百年来，《铡美案》虽然在世上演唱，使陈世美臭名昭著，但从现在搜集的大量素材来看，《铡美案》确属戏剧舞台上的历史"冤案"。

　　为解开陈世美之谜，自 20 世纪 80 年代以来，湖北省民间文艺研究会全面开展民间文学搜集整理工作，当地民众为陈世美鸣冤叫屈，并逐渐用文字发表出来。关于陈世美的冤情便在海内外传播开来，引起越来越多的民间文艺学者和有关部门的研究和重视。

　　《陈年谷秘史》的作者童德伦进行了十多年的考证，其先后查阅了《均州志》《明清进士题名录》以及《四省通志》《七州县志》《明史》《清史》等文献资料，童德伦认为："陈世美在历史上实确有其人，并弄清楚了陈年谷的号叫熟美，这样，陈年谷又和陈熟美画上了等号。而陈熟美和陈世美已经非常接近，只有一字之差了。"另据，当地民间传说和在丹江口市发现的有关陈世美的碑文记载，陈世美是为官清廉、刚直不阿、体察民情的清官。因此，均县有"北门街不唱陈世美，秦家楼不唱秦香莲"的俗话。但有人认为《陈年谷秘史》毕竟属于文学艺术的创作范畴，难免有演义色彩。而《丹江口文史资料》，则对此事有论述。

《丹江口文史资料》第一辑里，可以看到一篇题名《陈世美其人其事》的文章。文章开门见山地说：均州有个陈年谷已是不争的事实，争议的焦点在于陈年谷其号是不是叫熟美？陈世美又是否影射陈熟美？童德伦在撰写《陈年谷秘史》时，曾有三位老人提供了很有价值的资料，他们均能够肯定地确认陈年谷的号是熟美：第一位是当时已经88岁高龄的邓精一，他回忆他在学生时代听老师讲过，并且在清末民初的报刊上看到过有关这方面的讨论文章；第二位老先生叫王之，他回忆他在《均县周刊》上看到过有关这方面的文章；第三位就是退休教师陈棠，他是陈年谷的第十代子孙。他曾听到祖父给他讲过高祖叫陈年谷，号熟美，而且屋后有他的衣冠冢，也听到过有关陈世美就是影射陈年谷这个情况。三位老人抱着对历史和后人负责任的态度，相互印证，弄清楚了陈年谷号熟美的由来：孟子在《告子章句上》一文中写到："五谷者、种之美者也；苟为不熟，不如荑稗。夫仁，亦在乎熟之而已矣。"陈年谷由此想道，自己名叫年谷，而谷子熟了才美，于是就自称号熟美。关于陈年谷同窗学友编戏辱骂嘲弄之事，文章也做了充分肯定，主要事实与童德伦书中所述完全一致。文章发表后，三位老人不幸先后离开了人世。后来，据陈年谷的第十代孙陈吉棋（为陈棠的

胞弟）说，小时候我见过家里神龛上供奉的祖宗牌位，有陈一奇、陈年谷。我还清楚地记得陈年谷的号叫熟美，他的墓就在我家的背后。以后修丹江水库被淹没了。

由于戏剧《铡美案》的家喻户晓，陈世美的形象已在人们心中定格。然而，清代陈世美怎么会被宋朝的包公铡了呢？根据童德伦的考证：清顺治十五年，陈熟美的同窗好友仇梦麟与胡梦蝶从均州到京都找陈熟美求官，被陈熟美讲明道理后婉言拒绝。仇、胡二人大为不满，认为陈熟美在求学期间，他们曾接济过他，现在他仕途已就，反而忘恩负义，不念旧情。

怨恨而归的仇梦麟和胡梦蝶走到河南南阳，正遇上当地上演曲剧《琵琶记》。二人看到戏中所演正是忘恩负义之事，于是计上心来。他们不惜花费银两，请戏班子按自己的意愿，把《琵琶记》的情节加以改造，把戏中忘恩负义的男主角换成了他们怨恨的陈熟美，编造了一出他们认为赛过《琵琶记》的新戏。为掩人耳目，他们不敢用真名，而是把陈熟美变成了陈世美，还把陈世美说成了驸马。改编后的《琵琶记》在河南、陕西、湖北一带的演出，还真引起了观众的同情和共鸣。后来根据观众的愿望，又改编成陈世美让包青天给铡了。于是清代的事也就"演绎"到了宋代，戏名也变成了《铡美案》。令仇梦麟和胡梦蝶没有想到的是，他们为泄私怨一时冲动，酿成了一个无可弥补的历史冤案。细心的人，还是能从戏中发现一些破绽。

因为在中国古代把湖北湖南称为湖广行省的，只有在元代以后，即明代和清初。而宋代则是把省级区划称为"路"。湖北为荆湖北路，湖南为荆湖南路。既然陈世美自称是湖广人氏，也就肯定了他所处的明清年代，而不可能是包公生活的宋代，自然在现实里他也就鞭长莫及了。在《续辑均州志》的历代秀才名录里，还真有仇梦麟的名字，是与陈熟美同年的秀才，这就进一步证明他们是同学之说。作为戏剧中的另一个主角——陈世美的妻子秦香莲，童德伦认为，秦香莲和陈世美都是戏剧人物，是艺术形象。她的生活原型真名叫秦馨莲，是均州（今丹江口市）六里坪秦家楼人氏，现在这个村子大部分都姓秦。她是陈熟美的第二个妻子。陈熟美的原配夫人叫张玉梅，结婚第二年不幸死于火灾。经朋友介绍与秦馨莲结婚，夫妻相敬如宾，白头偕老。根本没有戏剧中所编的那些情节。编戏人为了掩人耳目，把秦馨莲改成秦香莲。

还有一种说法为：据传，清朝某年正月十六，有一个戏班子演《秦香莲抱琵琶》，看戏的人格外多，他们嫌戏文太短了，唱不到半天，不肯散去。掌班的没办法，只好在正戏前头加个《陈州放粮》的短戏。戏唱到中午，陈世美的家将韩琪受命追杀秦香莲，又放走秦香莲，韩琪自刎，秦香莲拉着儿女倒在血泊中，又是到此煞戏了。看戏的不肯走，大家齐声吼："杀了陈世美！"砖头、瓦块齐向戏台上打来。掌班的急得像热锅上的蚂蚁一样，团团乱转，不敢在前台露脸，赶紧溜到后台。这时，唱《陈州放粮》的包公还未下装，他问："台下怎么啦？出了什么事？"掌班的一见"包公"，忽然灵机一动，计上心来，推着他说："快，快到前台接着往下唱。"包公说："你急糊涂啦！我在宋朝，陈世美在清朝，相隔几百年，咋能同台唱戏？""哎呀，事到这般时候，管他同朝不同朝呢！"掌班的说，"陈世美那么大的驸马官，谁敢杀他？只有你'包黑子'铁面无私可以把他铡了，给老百姓出出气，就算煞戏了。"黑脸包公只得重新整衣，带着王朝、马汉、张龙、赵虎一班人马上场了。唱到他将陈世美一铡，台下欢呼起来。从那以后，小戏《秦香莲抱琵琶》就变成大戏《铡美案》了。

总之，《铡美案》的故事在历史上是真有其人，却无其事。《铡美案》确属戏剧舞台上的历史"冤案"。世代相传后，陈世美的后代一直不服于这种说法，相传清末一河南剧团到均州演出此戏时，陈的一个后人看了，气得当场吐血，陈世美第八代孙还号召家族众人，当场砸了该剧团衣箱，并殴打演员。演出虽然被迫停止，但都无济于事，陈世美还是背上了千古恶名！可见，我们对陈世美的误读，使其成了中国历史上继"窦娥女"之后第二大冤人，实在难以让他含笑九泉！

雍正的篡位与继位

康熙六十一年十一月十三日（1722 年 12 月 20 日），69 岁的康熙皇帝玄烨，做了 61 年大清皇帝之后，在京西的畅春园去世。7 天后，皇四子胤禛继承了皇位，第二年改年号为雍正。不久，有关雍正篡位的传说就悄悄开始流传。

随着时间的流逝，雍正篡位的故事在民间演绎得越来越生动。野史中关于雍正篡位的传说，归纳起来竟有五种之多：一是"雍正改诏说"，康熙皇帝本来是把皇位传给十四子胤禵的，可是雍正却暗地里把诏书中的"十"字改成"于"字，这样诏书就成了"传位于四子"；二是"隆科多改诏说"，隆科多是当时的步军统领，在康熙病重时，本来发了一道谕旨，叫远在西宁的十四子胤禵紧急回京，要传位给他，可是隆科多把遗诏捏在手里，没有发出去。等到康熙皇帝驾崩，隆科多假传圣旨立了四子胤禛；三是"隆科多改诏说"的另一版本，认为康熙刚咽气，隆科多赶紧从"正大光明"匾的后面取出康熙密藏在那里的诏书，把"传位十四子"改成"传位于四子"；四是"雍正投毒说"：康熙在畅春园病重时，皇四子胤禛进了一碗人参汤，康熙喝了就归天了；五是"年羹尧改诏说"，年羹尧是当年的川陕总督，传说雍正的母亲曾与他私通，入宫 8 个月就生下了雍正。所以雍正是年羹尧的私生子，改诏的事是年羹尧做的。

史学家和档案学者首先否定了民间那几种雍正篡位传说的真实性。满语是清朝的国语，康熙的诏书不可能只用汉文，不用满文。要将满文的"十"改成"于"，谈何容易？清代的用语规范，档案中凡写到皇子时，都要写成"皇某子"，而不能写成"某皇子"。仅将"十"字改成"于"字，岂不是将"传位皇十四子"改成"传位皇于四子"。

再说清代人写"于"字是用繁体"於"，而不是现在的简体字"于"字，所以将"传位十四子"改为"传位于四子"，完全是凭主观的想法编造出来的。保存在中国第一历史档案馆的康熙遗诏里写着："雍亲王皇四子胤禛，人品贵重，深肖朕躬，必能克承大统。著继朕登基，即皇帝位。"仅从它的写法来看，要想改成"传位于四皇子"是完全不可能的事。

若说"雍正进参汤下毒"，由于康熙对医道颇有研究，曾经多次说过，人参对于南方人比较好，对北方人不合适。所以雍正要真想做手脚，也不会公然用进参汤这一招。

此外，说"隆科多从正大光明匾的后面取出诏书偷改"同样不合历史事实。皇帝在世时不宣布谁是继承人，只是把所选继承人的秘密谕旨写进诏书里，放在乾清宫正大光明匾的后面，死后才当众宣布，这种做法叫秘密立储。这种制度是从雍正才开始的。

至于说雍正是年羹尧的私生子，更是无稽之谈。在雍正朝《起居注》中雍正明确地说过，事实上他比年羹尧还大呢。

学者们对雍正继位问题的学术研究并没有停止。他们的结论又分成两种，一种认为雍正不是正常继位的，也就是说，他可能是篡位或者是自己立自己为皇帝的；还有一种则认为雍正是正常继位的。

先看看认为雍正不是正常继位的学者的说法。这派学者认为，雍正在康熙病逝前后，精心策划了篡取皇位的阴谋。步军统领隆科多是雍正的心腹，当时他负责畅春园的保卫工作。在康熙病危昏迷的时候，雍正在隆科多的帮助下，伪造康熙遗诏，变相软禁皇子们，编造七位皇子和隆科多一起听到康熙口传遗诏的重要情节，乘机篡取皇位。

这个学派认为，证明雍正合法继位的关键问题，是康熙皇帝临终前，是否召见了七位皇子和隆科多，并且给他们口授了传位遗旨。这派学者认为这个情节是雍正自己编造的。因为，康熙的孙子弘旺所编《皇清通志纲要》和康雍时期肖奭的《永宪录》，记载康熙帝去世时情况的著作中，都没有记载康熙皇帝临终前召见皇子和下达传位遗旨这件事，因此得出结论：康熙的遗诏不是真的，更不是康熙亲手所写，而是雍正及其亲信们所为。所以雍正坐上皇帝宝座之后，严厉惩处了包括自己的兄弟在内的一批前朝的宠臣，不是整死，就是打入大牢。收拾年羹尧和隆科多这样的宠臣，是为了堵他们的嘴。打击他的兄弟，是为了清算跟他争皇位的竞争者。十四子胤禵是与雍正竞争皇位最主要的对手，雍正继位后，在回北京的途中，雍正将十四子胤禵变相软禁了，并一直囚禁了十几年。

篡位说学派认为，康熙晚年最喜欢的是十四子胤禵，是有意把皇位传给他的，让他去西北打仗是为让他建功立业，树立威信。康熙不但特意安排十四子胤禵去西北打仗，让他有建功立业的机会，同时康熙对十四子胤禵，在担任抚远大将军期间，是非常关心的。皇十四子胤禵在担任抚远大将军期间，康熙皇帝在给他的朱谕、朱批中说了很多意味深长、寄予厚望的话。比如有一次康熙在朱批中写道："人心最为重要，你要时刻把这件事放在心上。"类似这样的话语，在这些满文朱批奏折中是非常多的，可以说是随处出可见。

根据《庭训格言》中的记载，康熙帝有一次在和皇太后的谈话中表示，在他看来皇三子胤祉和皇四子胤禛都已经年过40，快要进入老年了。康熙帝不大可能选一位年龄已经过大的皇子来接班。至于因为康熙非常喜欢皇四子胤禛也就是雍正的儿子弘历，就是后来的乾隆皇帝，因此增加了传位于皇四子胤禛的筹码，是比较牵强的。

根据以上种种怀疑，篡位派学者还进一步推论：正因为雍正篡夺皇位心里有鬼，在阴间都怕受到父亲和祖先责骂，所以才没有遵循"子随父葬"的习俗，在死后将自己安葬在清东陵来陪伴父亲和祖父，反而把自己的陵墓选在相隔数百里外的清西陵。

那么，认为雍正是正常继位的学者又是怎么说的呢？这派学者认为，传位遗诏是根据康熙的遗愿写的，现存的康熙遗诏毕竟是清朝留下来的原始档案，十分明确地说明了要传位给雍正。在没有发现确凿的证据来证明雍正在遗诏上做了手脚前，不能轻易否定。

康熙遗诏有两大部分，一部分讲康熙六十年的业绩，这部分内容在康熙五十六年就已经写好了；另一部分，也是最关键的，就是讲要把皇位传给他的第四个儿子。如果就因为遗诏不是康熙的亲笔，是别人写的，就推论遗诏是假的，那么有些问题就很难解释了。因为历朝历代皇帝的遗诏，一般都是别人代笔或者是老皇帝死后，按照他的遗愿来写的。比如说乾隆帝——雍正的儿子、康熙皇帝的孙子。他继位之后，也有个继位诏书。那个诏书里头就对他父亲那个时代的政治提出了好多改革的意见。可是如果我们要来分析一下的话，这个遗诏实际上是新皇帝写的，也不是老皇帝雍正帝亲笔写的啊！但是我们并没有人怀疑说乾隆皇帝他不是合法继位的。

从《康熙实录》的记载来看，康熙临终前召见了皇子们和隆科多等人，下达了传位给皇四子胤禛的遗命，这个事应该是真实的。康熙皇帝在位的第六十一年十一月十三日凌晨病危时，就紧急召见了他这些儿子。当时召见的几位皇子都是年龄比较大的，到了他的寝宫，同时还有国舅隆科多，当时任步军衙门统领。这时康熙帝就传下遗言："皇四子胤禛，人品贵重，深肖朕躬，必能克承大统，著继朕登极，即皇帝位。"而此时皇四子雍亲王在什么地方呢？他正在天坛代他的父皇去祭天。这个祭祀一般都是皇帝亲自祭祀的，可是康熙皇帝当时已经有病，所以就派四皇子去代他祭天。《康熙实录》中清楚地记载了此一经过。

康熙帝召见这几个皇子留下遗命的时候，同时也下达了一个旨令，把雍正召到畅春园的寝宫来。由此可见，在那些被召见的皇子们还在世的时候，雍正不可能编造康熙召见皇子们的事，否则他们一定会把真相揭露出来。

雍正继位后，关于雍正篡位的议论，朝野上下、京城内外沸沸扬扬，雍正编纂了《大义觉迷录》进行解释和辩驳，这是可以理解的。在《大义觉迷录》里面，雍正引述了康熙临终前召见几位皇子和隆科多的事，他没有想到，这样做反而引起了更多的怀疑和议论。其实这件事情在《清圣祖实录》里面也有记载，康熙六十一年十一月十三日实录记载康熙诏见七位皇子和隆科多。

继位派学者认为，皇四子是康熙皇帝晚年最终确定的接班人。从康熙立太子又废太子的过程可以看出，康熙到晚年确实已经倾向于选择皇四子胤禛继承皇位。

康熙很早的时候就正式立了太子，当时康熙才22岁，他立的太子是皇二子胤礽，才刚刚满周岁。后来康熙就发现了问题。皇太子从小在特殊的环境下长大，变得骄横跋扈。更要命的是在朝廷里结成"太子党"，对康熙的皇权构成了威胁。所以在康熙四十七年的时候，康熙皇帝宣布"天下断不可以付此人"，第一次废了太子。但他没想到废了太子，反而激起了众多皇子争夺太子位置的野心。皇子们的争斗从地下转为公开，愈演愈烈。康熙为制止这种情况，又在第二年重新立胤礽为皇太子。

但是三年之后，太子党又成了让他头疼的事。到了康熙五十一年，他又再次废了太子。这两立两废太子，伤透了康熙的心。作为一国之君，接班人的事不能不想。这时在众多的皇子中，列入康熙考虑范围之内的主要是皇三子、皇四子和皇十四子三人。

根据雍正朝《起居注》等档案中记载，康熙曾对大臣们说：一定找一个"坚固可托之人"做未来的主人，说明康熙对谁继位已是心中有数，而且从雍正继位前后的能力，特别是他继位以后治理国家的能力，也可以说明"坚固可托之人"指的是雍正。所以最后康熙选择的是皇四子胤禛。

康熙六十年以前，在皇三子和皇四子之间，还看不出康熙对谁有多少偏爱，但是到了康熙六十年的时候，康熙先是谕令皇四子胤禛带隆科多去清查京通各仓，并明确表示：若派其他人去不一定能办成。十一月初九日，康熙皇帝又指定胤禛代替他去行祭天大典，这就不难看出康熙对皇四子胤禛的器重和信赖。平时康熙也曾多次说胤禛"诚孝"。可以说，康熙对这位皇子的人品是十分赞许的。

为什么说他选中的不是皇十四子？因为在康熙五十七年十一月，皇十四子胤禵被任命为抚远大将军远赴西北。这时康熙皇帝可能确有让其建功立业、为继承皇位创造条件的打算。但如果康熙真的想传位给皇十四子的话，是不会在自己年老生病的时候，再次把他派到那么远的地方去的。按当时的交通工具，从下达指令到他回到京城，最快也得二十多天。雍正继位以后，十四子胤禵被召回北京，雍正确实将他软禁，但这只是雍正认为胤禵对皇权有威胁采取的措施，不能以此说雍正就是篡位。

持正常继位说的学者还认为，康熙选中胤禛，因为他喜欢胤禛的第四子弘历，也就是后来的乾隆皇帝。这话倒也有些来历。康熙第一次见到弘历是在弘历 12 岁的时候，当时康熙应胤禛之请到圆明园吃饭，他见弘历天资聪颖，品貌端正，立刻就有了好感，当时就下令让弘历搬到皇宫中，住进皇子们住的毓庆宫，还亲自指导他读诗书。有时候康熙到围场打猎或是平时批阅奏章，都要弘历在一旁侍奉着。

在清东陵的乾隆陵前，有一嘉庆四年（公元 1799 年）立的《裕陵神功圣德碑》。碑文记述了乾隆一生的丰功伟绩，也非常明确地表述了是康熙皇帝默定了乾隆为继其皇位的第三代皇帝的意思。碑文中引用了周朝文王因看中其孙子昌，即后来的周文王，而立昌之父为帝的故事。可以说，这是最早明确表述康熙默定乾隆继未来帝位的一种正式的、带有权威性的官方看法。而这一点也间接说明，雍正是正常继位的。

　　近代以来，已有越来越多的史学家对相关史料进行研究以后认为，雍正正常继位是成立的。特别是 20 世纪末，有一批研究雍正的专著问世，有力地支持了雍正合法继位说。

　　1985 年，南开大学历史系冯尔康教授出版的《雍正传》；1986 年，中国人民大学韦庆远教授发表了《论封建皇权和皇位继承问题》；1999 年，中国第一历史档案馆研究员李国荣、张书才合著的《实说雍正》；2000 年，海外学者杨启樵教授在《揭开雍正帝隐秘的面纱》中都指出：雍正属于正常继位。

　　亲身经历了皇室中夺储斗争风风雨雨的雍正，深知皇权交替是关系到政局稳定的大计，经过深思熟虑，他创立了秘密立储的制度，以后就成了清朝皇室的家法。从此，清朝历史上再没有发生过公开争夺太子位的宫廷斗争了。